A CONSTRUÇÃO DE JESUS

José Tolentino Mendonça

A CONSTRUÇÃO DE JESUS

A dinâmica narrativa de Lucas

Prefácio de Pedro Rubens Ferreira Oliveira
Reitor da Universidade Católica de Pernambuco

Dados Internacionais de Catalogação na Publicação (CIP)
(Câmara Brasileira do Livro, SP, Brasil)

Mendonça, José Tolentino
    A construção de Jesus : a dinâmica narrativa de Lucas / José Tolentino Mendonça. – São Paulo : Paulinas, 2018. – (Coleção travessias)

    Bibliografia
    ISBN 978-85-356-4397-8

    1. Bíblia (Literatura) 2. Bíblia. N.T. Evangelhos - História dos eventos bíblicos 3. Cristianismo 4. Jesus Cristo - Ensinamentos 5. Jesus Cristo - Pessoa e missão I. Título II. Série.

18-14368   CDD-232

Índices para catálogo sistemático:

1. Jesus Cristo : Cristologia   232

Maria Alice Ferreira - Bibliotecária - CRB-8/7964

Título original da obra: *A construção de Jesus. A surpresa de um retrato*
© Outubro, 2015, Inst. Missionário Filhas de São Paulo - Prior Velho, Portugal.

1ª edição – 2018
2ª reimpressão – 2021

Direção-geral:	Flávia Reginatto
Editora responsável:	Vera Ivanise Bombonatto
Copidesque:	Ana Cecilia Mari
Coordenação de revisão:	Marina Mendonça
Revisão:	Sandra Sinzato
Gerente de produção:	Felício Calegaro Neto
Projeto gráfico:	Manuel Rebelato Miramontes
Diagramação:	Jéssica Diniz Souza
Imagem de capa:	Luís Carlos de Lima Pacheco
Capa:	Iconografia de Lucas 7,36-50

Universidade Católica de Pernambuco – Unicap

Reitor: Pedro Rubens Ferreira Oliveira, sj

Nenhuma parte desta obra poderá ser reproduzida ou transmitida por qualquer forma e/ou quaisquer meios (eletrônico ou mecânico, incluindo fotocópia e gravação) ou arquivada em qualquer sistema ou banco de dados sem permissão escrita da Editora. Direitos reservados.

Paulinas	**Universidade Católica de Pernambuco – Unicap**
Rua Dona Inácia Uchoa, 62	Rua do Príncipe, 526
04110-020 – São Paulo – SP (Brasil)	50050-900 — Boa Vista — Recife (PE)
Tel.: (11) 2125-3500	Tel.: (81) 2119-4011
http://www.paulinas.com.br – editora@paulinas.com.br	http://www.unicap.br
Telemarketing e SAC: 0800-7010081	

© Pia Sociedade Filhas de São Paulo – São Paulo, 2018

A todos aqueles que, um dia,
choraram ou chorarão aos pés de Jesus.

PREFÁCIO

José Tolentino Mendonça, desde a abertura do presente livro, faz-nos um convite que é uma aposta: não somente ler e interpretar a perícope de Lc 7,36-50, mas entrar em cena. Dentro de uma pedagogia hospitaleira, o autor oferece pistas para o convidado entrar no texto lucano e no Evangelho com o seu olhar de leitor e ir ao encontro do protagonista principal, Jesus. O episódio escolhido permite um bom exercício para compreender a manifestação de Deus, como Tolentino mesmo indica: "num texto que é, profundamente, como veremos, um texto de revelação, a análise dos pontos de vista em jogo sublinha essa dialética entre o exterior contemplado e o interior de quem contempla, entre o ver e o ser visto, entre o que se via antes e o que se vê depois do Verbo de Deus falar".

Um texto de revelação a ser lido na perspectiva de uma contemplação... Como leitor singular, foi-me impossível não enxergar essa leitura com os óculos dos Exercícios Espirituais (EE) de Santo Inácio de Loyola,[1] relacionando-a com a "aplicação dos sentidos" (EE 122-125) e a "contemplação para alcançar o amor" (EE 230-237). Inácio de Loyola distingue contemplação e meditação: enquanto esta última mobiliza as "faculdades" ou "capacidades" humanas (memória, inteligência e vontade), a primeira supõe entrar em cena "aplicando" todos os nossos sentidos, para interagir com as personagens e, mediado pelo texto evangélico, "tirar proveito", segundo a linguagem dos Exercícios, e fazer a experiência transformadora de

---

1 Cf. texto dos *Exercícios Espirituais de Santo Inácio de Loyola*, Edições Loyola: São Paulo, 2000.

encontro com Deus. Creio que Tolentino, atencioso ao público que segue suas publicações no campo da teologia e da espiritualidade, propõe, neste livro, uma análise profunda e experiencial do texto, o que, em linguagem inaciana, corresponderia a uma "aplicação de sentidos" e uma "contemplação para alcançar o amor". Afinal, não foi por demonstrar muito amor que a pecadora foi perdoada? Em todo caso, trata-se, como indica o título da obra, da construção da identidade de Jesus e, não menos, da reconstrução de nossa identidade, mediante a narratividade evangélica e a leitura criteriosa e contemplativa dessa passagem.

Para nos ajudar a entrar em cena (primeiro capítulo), o autor apresenta as personagens, desvelando, igualmente, o papel que eles representam: um dos fariseus de nome Simão, o hóspede chamado Jesus, uma intrusa sem nome e os outros comensais. Além dessas, evidencia-se outra personagem: o próprio leitor. De fato, silencioso como a pecadora intrusa, o leitor é convidado a fazer uma experiência de fé e salvação, mediante a leitura deste livro e a releitura do Evangelho. No texto inaciano, o exercício de "aplicação dos sentidos" sobre a contemplação, propõe "ver as pessoas, com o olhar da imaginação, meditando e contemplando em particular as circunstâncias em que estão, para tirar algum proveito do que se vê" (EE 122). E, na sequência, Inácio sugere despertar os outros sentidos: "ouvir o que falam ou poderiam falar" (EE 123), "sentir e saborear com o olfato e paladar" (EE 124) e "sentir com o tato" (EE 125)... Coincidentemente, a intriga do relato lucano começa com o olhar reprovador do fariseu sobre aquela mulher que toca Jesus: "se este fosse profeta, saberia quem e de que espécie é a mulher que o toca, pois é uma pecadora". Seria o olhar farisaico uma contemplação invertida? Eis que se indica a necessidade de conversão do olhar ou um deslocamento da visão do fariseu à de Jesus mediante uma leitura contemplativa da perícope.

A partir do segundo capítulo, inicia-se uma análise literária de Lc 7,36-50. Comparando o episódio narrativo a uma montagem cinematográfica, Tolentino faz uma espécie de *zoom* em três quadros. No primeiro quadro (vv. 36-38), Jesus é o objeto de uma dupla ação: "o convite do fariseu e o estranho comportamento de uma intrusa" (segundo capítulo). No segundo quadro (vv. 39-47), narra-se aquilo que se viu dentro do cenário, sendo o fariseu anfitrião aquele que orienta o olhar, inclusive do leitor: a mulher é pecadora e, se Jesus fosse profeta, perceberia isso. Dentro desse contexto, inicia-se um "diálogo na contramão", no qual Jesus assume o papel de sujeito de uma ação verbal, contando uma parábola que modifica o relato, corrige o olhar do fariseu e, como verdadeiro hermeneuta, Jesus postula que sejam os gestos a falar (tanto as não ações de Simão como as ações daquela mulher), concluindo com o perdão da intrusa inominada que é identificada como pecadora na cidade (terceiro capítulo). De toda sorte, a questão inicial do fariseu (se Jesus era ou não profeta) desloca-se para um questionamento fundamental, agora no dizer dos comensais: "Quem é este que perdoa pecados?" Essa questão preside o terceiro quadro (vv. 48-50), no qual a mulher e os comensais colocam-se perante Jesus e, Ele, por sua vez, dirigindo-se a ela, conclui sua ação verbal em caráter performativo. Nosso autor arremata indicando a sua hipótese de trabalho: no texto lucano, tanto nesta perícope como no macrorrelato, tudo está a serviço da construção narrativa de Jesus (quarto capítulo). Nesse ponto da obra, o poeta luso-madeirense atinge o seu ápice analítico e faz uma virada hermenêutica na qual ele apresenta alguns traços essenciais de uma teologia fundamental, e, ao mesmo tempo, lança as novas perspectivas de sua interpretação. As velhas categorias abstratas entram em crise para dar lugar ao encontro e à misericórdia, aspectos esses decisivos para a revelação cristã de Deus e para a fé experiencial, na busca de "dar razões de nossa esperança" (1Pd 3,15).

Na sequência, Tolentino situa a dinâmica da revelação e da fé no espaço (quinto capítulo) e no tempo (sexto capítulo). No primeiro momento, ele mostra o que tem de revelador o espaço: além de um "cenário onde a ação das personagens se desenrola", o espaço é também um lugar semântico. O autor nos faz perceber as marcas textuais de organização do espaço, assim como ajuda a compreender e a completar os seus silêncios. E, ao fazer uma leitura do espaço através das "preposições", o literato evoca o lugar e o (pré) posicionamento das personagens: "o espaço, quando habitado pelo homem, deixa de ser espaço apenas, para tornar-se espaço humano".

Impressionante salto semântico acontece quando o perfume assume o lugar de espaço biográfico e revelador, da mulher silenciosa e do hóspede: a dinâmica da revelação deixa o espaço cognitivo, passa pelo campo visual, interpreta o toque e, agora, mobiliza o olfato e tudo o que um perfume pode despertar de sensibilidade.

No sexto capítulo, enfim, a temática temporal é tratada como passagem que vai da crise do tempo histórico ao tempo da salvação: "o tempo de Jesus não é cronológico, mas o tempo da Revelação". Trata-se, consequentemente, de um tempo construído por códigos semânticos: nesse tempo salvífico, a mulher passa a ser "figura de todos aqueles que acreditarão". A inominada abre espaço para inscrever o nosso nome de leitor ou de destinatário na cena evangélica e no tempo da salvação.

Tolentino mostra "como por um só capítulo se relê o Evangelho", segundo o título sugestivo do sétimo capítulo, recorrendo ao princípio hermenêutico da compreensão da parte pelo todo. O que se pretende, no entanto, é evidenciar as perspectivas da cristologia narrativa que Lucas propõe, a qual será definida em torno da questão da autoridade. Questão que divide o público entre, por um lado, os que glorificavam a Deus e seguiam Jesus e, por outro, aqueles que o acusavam de utilizar um poder demoníaco. A revelação evidencia uma ambiguidade vital e, portanto, supõe um discernimento fundamental, o que não acontece sem assumir o risco da fé.

A questão respondida negativamente pelo fariseu, no início do relato, volta à pauta no oitavo capítulo: "Jesus era ou não um profeta?" O autor confirma sua hipótese de construção narrativa da identidade de Jesus no texto lucano, não sem evidenciar uma crise do paradigma profético, à qual se manifesta entre "o drama do não reconhecimento e a surpresa de um outro reconhecimento". E, para deixar o leitor ser guiado pelo narrador do Terceiro Evangelho e pelas preciosas pistas propostas por Tolentino, outra questão emerge: até que ponto o título de profeta abarca a novidade de Jesus?

O enigma de Jesus desvela-se, progressivamente, na narrativa de Lucas 7 e o episódio da intrusa que vai, silenciosamente, ao encontro de Jesus, revela o cerne da novidade de sua missão salvífica, a saber o encontro com os pecadores. Dito de outra forma, retomando algumas belas formulações do autor no nono capítulo do livro: "uma pecadora (que) nos leva a Jesus" e, Ele, "revela-se não apenas o hermeneuta do coração humano, [...] mas também o intérprete competente do desígnio de Deus nas circunstâncias da história". Jesus revela, diante daquela mulher inominada, que seu ministério é a salvação, intrinsecamente relacionada à fé, como Ele atesta de forma lapidar: "a tua fé te salvou".

No décimo capítulo, depois de evocar e aprofundar a importância dos três belos cânticos da salvação, respectivamente, pronunciados por Maria, Zacarias e Simeão, nosso autor destaca o sentido teológico da forma verbal de "salvar" que aparece, pela primeira vez, na perícope de Lc 7, 36-50: uma construção lucana para manifestar como, em Jesus, a salvação torna-se efetiva e, ao mesmo tempo, traduz sua identidade e missão, do início (Lc 2,21) ao fim (Lc 23,35.37.39) do Evangelho.

Finalmente, inspirado pela dinâmica do próprio Evangelho, que "não aposta na apresentação de conclusão acabada acerca de Jesus", o último capítulo, a modo de conclusão aberta, enlaça os diversos fios do texto em sua trama, sob o título "arte de construir Jesus". De maneira sintética e magistral, o autor evidencia o lugar fundamental de Lc 7 na revelação de Jesus, ressituando a perícope estudada no conjunto desse capítulo e do próprio Evangelho. A essa altura do percurso, o leitor compreende melhor como a "caracterização incorreta é um dos modos de caracterização de Jesus": ou seja, no seio de incompreensões e paradoxos, a identidade de Jesus vai sendo construída pelo evangelista. E, antes de concluir, de forma extraordinária, Tolentino presta uma homenagem ao leitor, outorgando-lhe um estatuto ímpar e uma responsabilidade apaixonante, segundo a sentença que intitula a última sessão: "o Evangelho constrói o leitor/o leitor constrói o Evangelho".

Gostaria de destacar que esta obra, um verdadeiro "presente" oferecido aos leitores brasileiros, ganhou um novo subtítulo, em relação à edição portuguesa, além de uma nova ilustração para a capa. Agradeço ao doutorando Luís Carlos de Lima Pacheco, da Universidade Católica de Pernambuco, pela arte criada especialmente para esta coedição, representando a novidade da construção narrativa de Lucas e a fascinante interpretação de Tolentino, mediante a beleza singela de suas cores, traços e movimentos, valorizando o conjunto de personagens, ressaltando a intriga e fazendo uma composição de lugar, sem esquecer o detalhe da porta aberta à cidade, por onde pôde entrar, sem obstáculos, a mulher inominada e que, ao mesmo tempo, indica um mundo aberto à interpretação. Ainda hoje, na minha família, em Vazantes, interior do Ceará, quando se recebe um convidado ilustre, não se fecha a porta da casa na hora das refeições...

Assim, desejo a você, leitor, um bom itinerário e, ao termo do caminho, proponho-lhe uma pequena tarefa, a modo de convite: que tal escrever um posfácio a esse livro que não nos deixa indiferentes? Tal pedido me vem ao espírito como a melhor forma de agradecer ao autor, ele que me "intimou" a compor este prefácio. Obrigou-me, assim (muito obrigado, amigo!), a arriscar uma interpretação, certamente parcial e até "intrusa", já que esta bela obra dispensa qualquer apresentação. Mas acabei constatando que tal exercício privilegiado, prefácio ou posfácio, é a vocação de todo leitor agradecido. Que possamos dizer, ao ler este guia que nos remete à releitura do Evangelho, balbuciando palavras semelhantes às de Tolentino em sua página de abertura: "o convívio com esse texto mudou completamente o meu olhar sobre Jesus e, com isso, posso dizê-lo, mudou também a minha vida".

Resta-nos, enfim, agradecer, de coração, a José Tolentino, esse autor que singra mares para vir ao nosso encontro, abre portas de sentidos e nos convida a participar de uma ceia, de cardápio não revelado. E, apesar do sentimento de "servo inútil" que, ao invés de servir e/ou esperar comer das migalhas que caem da mesa principal, o leitor intruso acaba sendo regalado com o banquete evangélico do perdão. Desse modo, ruminar cada página deste livro, qual uma iguaria, significa, igualmente, deixar-se transformar pelo sabor de um encontro surpreendente com Aquele que até perdoa pecados...

PEDRO RUBENS FERREIRA OLIVEIRA
Universidade Católica de Pernambuco

Abertura

Como cheguei aqui

Vou contar como cheguei até aqui. Como, entre tantos episódios que os Evangelhos relatam, aquele da pecadora que se arrisca por um território hostil apenas para tocar em Jesus (Lc 7,36-50) acabou por tornar-se o meu objeto de trabalho bíblico durante anos, mas não só de trabalho: também de emoção, de imaginação, de afeto e de fé. O convívio com esse texto mudou completamente o meu olhar sobre Jesus e, com isso, posso dizê-lo, mudou também a minha vida. Passei a dar valor à necessidade de consolação que todos os humanos transportam; às linguagens com que o corpo e a alma se expressam e que, porventura, não sabemos atender devidamente ainda; à singularidade irredutível da narrativa biográfica; àquela porção de vida íntima que se comunica melhor com silêncio e lágrimas do que por palavras; ao perfume e ao dom; à hospitalidade de Deus que Jesus revela, e que é a expressão, por excelência, da sua incondicional misericórdia.

Devo ter ouvido antes esse episódio dezenas de vezes, mas o que me fez caminhar para ele intrigado, perfeitamente movido pelo espanto, foi um comentário do romancista japonês Shusaku Endo, no seu livro *Uma vida de Jesus*. A sensibilidade dos escritores torna-os uma espécie de detetives: por detalhes de palavra ou pela decifração do que, a outros, parecem insignificantes elementos de forma chegam a conclusões que revolvem completamente textos que julgamos já conhecer, como é o caso dos textos evangélicos. Endo foi isso para mim. No seu livro ele explica, de maneira simples, acessível a qualquer leitor, um recurso algo complexo, mas muito frequente na literatura: o chamado efeito de realidade. Aconteceu-nos certamente a todos, ao contatarmo-nos com uma narrativa, sentirmos que ela se torna, na leitura, tão presente a nossos olhos que parece não um mero relato, mas uma impressiva visão cinematográfica. Isso, em grande medida, resulta do uso competente dessa técnica denominada *efeito de realidade*. Ora, o que Shusaku Endo defende é que a peripécia da pecadora intrusa, que faz tudo para tocar naquele hóspede, é um momento central no Evangelho de Lucas, mais eficaz na transmissão de Jesus do que muitos outros, inclusive do que as histórias de milagres, porque dá de Jesus, precisamente pelo efeito de realidade, uma imagem viva, surpreendente e real. Confesso que tive um sobressalto e senti que tinha de compreender melhor o que o romancista sugeria. A verdade é que, se até àquele momento me tivessem perguntado, eu diria que o trecho de Lc 7,36-50 é interessante, sim, singular na sua temática, e, pensando nas lágrimas da mulher, emocionalmente intenso. Não diria, porém, tratar-se de uma peça privilegiada para abordar o sentido de Jesus como hoje creio. Que segredos estavam escondidos aos meus olhos?

No ano 2000 tive a possibilidade de iniciar a preparação do meu doutorado em Teologia Bíblica. Acho que não tive de dar muitas voltas para chegar ao tema que pretendia tratar. Desde o princípio, mas talvez de forma mais intuitiva do que racional, eu sabia que não conseguiria adiar muito mais aquele encontro. No entanto, também temia. Os trabalhos doutorais que ouvia classificar como recomendáveis no campo bíblico desenvolviam temáticas teológicas precisas e esse era o caminho que, supostamente, se esperava que eu seguisse. A relação da Bíblia com a literatura e os métodos literários de análise, tópico sobre o qual lera já alguma coisa com entusiasmo, não pareciam suficientemente convincentes ao meio que me rodeava, nem estava eu preparado ainda para defendê-lo com convicção. Precisava mergulhar em leituras, aprender com as experiências de outros, tentar eu próprio. Tinha um longo caminho a percorrer. A solução que encontrei foi propor-me em vez de um, três textos em sequência, que surgem no Evangelho de Lucas e que contam momentos da complexa relação de Jesus com os fariseus. Não falava diretamente da intrusa, nem do seu perfume, nem do seu monólogo sem palavras, nem da oficina desse escritor fantástico chamado Lucas que conseguiu criar cenas como essa, de uma mestria irresistível. Mas tudo isso estava dentro da minha escolha, pois um dos textos era o da intrusa, que ocorre em casa do fariseu para um surpreendente encontro com Jesus. E ainda bem que foi por esse episódio que comecei o trabalho, ao chegar a essa espécie de terra prometida que é a biblioteca do Instituto Bíblico em Roma. Quando dei por mim, já tinha lido e escrito tanto sobre esse episódio que os orientadores gentilmente me fizeram ver que a tese era afinal essa e mais nenhuma.

O que descobria sobre o episódio aumentava os limites do meu espanto. Percebia, claro, pelas minhas próprias dificuldades, aquilo que Von Sybel garantia ser um consenso entre especialistas: que esse era um dos episódios de mais difícil interpretação dos Evangelhos. Mas, ao mesmo tempo, tornara-se impossível não admirar agora as personagens, recortadas num dramatismo forte e contrastado que mistura manifestações emotivas e resistências, silêncios e revelações. Não admirar a arquitetura narrativa, a vivacidade, a implícita atmosfera de escândalo, a reviravolta do modelo teológico esperado, um caráter intrigante que o texto tem, e, também por isso, mais atraente. E como o resultado final desenha uma iluminação inesperada da figura de Jesus: recuperando e relançando os fios da sua identidade; desvelando e, ao mesmo tempo, adensando o mistério.

Por outro lado, esse improvável encontro em casa do fariseu constituía, compreendia eu agora, um momento privilegiado do grande percurso que o Evangelho representa. Ele ocorre, por sinal, num momento em que se intensifica a curiosidade a respeito de Jesus. Todos querem perceber de quem se trata e fazem perguntas acerca dele: sejam nazarenos ou habitantes de Cafarnaum, os discípulos ou as multidões, os fariseus ou os escribas, o Batista ou Herodes (4,22.36; 5,21.26; 7,19; 8,25; 9,9). Predomina em todo o contexto um clima de irresolução, entre opiniões discordantes ou mesmo contraditórias, confissões parcelares ou ditos ambíguos, o qual sugere uma redobrada atenção aos elementos narrativos em jogo, pois, sutil e gradual, o processo de revelação de Jesus não deixa de acontecer. De fato, o evangelista não fixou a experiência de Jesus num esquematismo de fórmulas acabadas, mas na sugestão incessante de um caminho que o próprio texto repropõe. Mais do que prévias ou apressadas respostas, são as perguntas que colocamos e que o texto nos coloca, que nos abeiram do poder inesgotável que essas histórias têm de nos segredar Jesus.

Em 2004 defendi a minha tese e chamei-lhe *A construção de Jesus. Uma leitura narrativa de Lc 7,36-50.* Ela foi publicada na coleção de teses da Faculdade de Teologia da Universidade Católica Portuguesa e na Editora Assírio & Alvim. As teses de doutorado são, como se sabe, de leitura exigente e compreensivelmente minoritária. Para mais, numa tese sobre um texto do Novo Testamento deve esperar-se um trabalho filológico sobre a fonte original em grego, uma discussão sobre variantes textuais e manuscritos, uma complexidade hermenêutica que pesa sobre o leitor não especializado. Ainda assim, o número e o entusiasmo dos leitores foram uma ótima surpresa, e para mais quando vi o livro premiado pelo Pen Clube Português, que o destacava, nesse ano, na categoria do ensaio. Contudo, não tenho ilusões. Para a maior parte dos meus leitores essa obra, na sua forma inicial, era e é inacessível.

Quando a Paulinas Editora me propôs republicar a tese, respondi imediatamente um "sim" e um "mas". Sim, porque gostaria que essa investigação continuasse acessível e pudesse ser útil a quantos procuram chaves para uma aproximação a Jesus. Disse, contudo, também um consciente mas, e por várias razões. Primeiro, passou-se uma década sobre a pesquisa em que a tese se baseia. Ora, uma dissertação de doutorado parte sempre de um confronto com o "estado da arte" das temáticas que se abordam. Nesse sentido, não são textos intemporais, nem se devem republicar simplesmente sem ter, pelo menos, um razoável apêndice que as compagine com aquilo que, entretanto, se escreveu e avançou. E muitas vezes isso não basta. Depois, a tese já teve uma oportunidade no circuito do livro, está disponível em biblioteca e há naturalmente a expectativa de que, mantendo essa forma integral de origem, ela possa também ser consultada nos repositórios digitais. Para os investigadores e especialistas, o acesso à tese não era uma questão. Não podia ser isso, portanto, a mover-me. Pretendia, antes, aproveitar a oportunidade para apresentar uma versão modificada, mais essencial no conteúdo, menos fechada na forma e destiná-la ao público que segue as minhas publicações no campo da teologia e da espiritualidade.

Hesitei muito tempo em torno do título e optei por uma via de meio. Era impossível não colocar o título original *A construção de Jesus*. Esse título explica o texto que então escrevi e que agora reproponho. Por que *A construção de Jesus*? Porque se trata de perceber que, mais do que uma afirmação exclusivamente dogmática sobre Jesus, o evangelista optou por uma dinâmica narrativa: vamos compreendendo Jesus progressivamente, através de traços, por palavras e meias-palavras, encontros e desencontros, entusiasmos e resistências, esclarecimentos e enigmas sempre maiores. Mas ao mesmo tempo percebi que não podia repetir o título, sem mais. Quando se retiram elementos a um texto, ele modifica-se necessariamente. E não quero passar a ideia de que, sem eles, a obra é a mesma, mantém a sua identidade. Decidi então alterar o subtítulo. Com essa decisão declarava, por outro lado, uma liberdade maior para buscar uma ordem nova para o conjunto, explorando outras possibilidades.

Uma palavra final àqueles e àquelas que me ajudaram a construir o texto inicial. Quero dizer-lhes que a dívida de gratidão que tenho de modo nenhum ficou saldada. O tempo só a tem feito crescer.

I
UMA INESPERADA
ENTRADA EM CENA

No arranque do episódio, que nos servirá de mapa de percurso, são apresentados os três principais atores que estarão em cena: um fariseu, Jesus e uma pecadora.

> [36]Convidou-o um dos fariseus para que comesse com ele. Entrando em casa do fariseu reclinou-se à mesa. [37]E eis uma mulher, que na cidade era uma pecadora, sabendo que ele estava à mesa em casa do fariseu, trouxe um alabastro de perfume.

O primeiro elemento que ressalta nestas primeiríssimas frases é a ausência de nomes próprios. Se não se deve talvez dar muita importância à substituição de Jesus por uma forma pronominal ("ele"), uso frequente em outros episódios do Evangelho (Lc 5,1; 5,12; 6,12), o mesmo não acontece com as outras personagens. Jesus chamará o seu anfitrião pelo nome no v. 40, e isso constituirá certa surpresa, pois na abertura da perícope ele é insistentemente referido apenas como "um dos fariseus". Nas escassas linhas que vão do v. 36 ao v. 37, repete-se por três vezes o termo "fariseus", e a razão não parece ser a da clareza sintática, pois, por exemplo, quando no v. 37 se volta a escrever "em casa do fariseu", poder-se-ia dizer "em casa dele", evitando assim, pelo menos, uma repetição. Há, por isso, um explícito reforço da informação de que se trata de um fariseu e de um espaço por ele tutelado, ao mesmo tempo que o narrador, discretamente, reserva para Jesus a competência da sua nomeação pelo nome próprio. Também acerca da pecadora inominada o narrador se mostra lacônico: adianta-nos apenas que se trata de uma mulher cujo estatuto na cidade era o de pecadora. Os novos detalhes serão trazidos primeiro pelo fariseu e, depois, de uma maneira que revolverá toda a situação, pelo próprio Jesus.

Uma expressão da sobriedade da narrativa é que ela evita denunciar tanto a fragilidade da mulher como a omissão do fariseu. No v. 37, avança-se, é verdade, que a mulher é pecadora, mas trata-se aí de uma designação geral, que não se pretende especificar. E, do mesmo modo, nada se diz sobre o fato de o fariseu ter omitido uma esperada expressão de hospitalidade para com o seu convidado. Só mais tarde, como veremos, isso será apontado a Simão, mas aí, de novo, por Jesus.

Que fazem esses três juntos?

A narrativa começa por guardar um silêncio sobre as motivações que habitam as personagens. Não se sabe por que razão um dos fariseus convida Jesus para um repasto (para assim observá-lo de perto?; por mera cordialidade?; por uma curiosidade franca ou já minada de distância?), nem o que leva Jesus a aceitar de imediato aquele convite que, em face da polêmica com os fariseus que se vinha desenhando, se torna, se não desconcertante, pelo menos imprevisível. Entrar em casa desse Simão não seria, com certeza, tão natural como entrar em casa de um outro Simão, o discípulo (referido em Lc 4,38). E Jesus teria pesado o que significaria aquela inesperada solicitação da sua presença. O mesmo se aplica à mulher sem nome: o narrador permite que fiquemos no desconhecimento dos sentimentos que a levaram àquele espaço hostil. Sabemos que ela quer encontrar Jesus, mas tal informação não é dirimente. O alabastro de perfume que ela traz consigo pode significar que ela pretendia ungir Jesus, mas o modo como Jesus depois revelará esse gesto, abri-lo-á a sentidos que a princípio desconhecemos.

As refeições descritas em Lucas-Atos não são certamente cerimônias restritas a dois ou três comensais. Eram, antes, momentos coletivos de vivência e regulação de um determinado paradigma sociorreligioso, pois existia o costume de durante um banquete palestinense as portas permanecerem abertas ao olhar dos passantes e curiosos. Na refeição em casa do fariseu, estariam certamente outras pessoas presentes, como o próprio v. 49 nos testemunha, reproduzindo uma reação dos comensais. E é estranho considerarmos ausentes os discípulos, sobretudo se tivermos em conta aquilo que se diz logo a seguir, em Lc 8,1: "os Doze estavam com ele". Muito naturalmente eles estariam lá. Deparamo-nos, contudo, com um efeito da seleção narrativa efetuada pelo narrador que resulta na concentração dramática do episódio em torno de três atores: um fariseu, Jesus e uma pecadora da cidade. Podia-se pensar que se trata unicamente de uma simplificação, mas depressa se percebe como isso resulta num adensar daquele encontro. Pois aquilo que num grupo até é passível de se diluir, aqui é reclamado para um irrecusável confronto.

Que podemos desde já concluir? O narrador do relato utiliza uma linguagem isenta e coloquial, feita de frases descritivas, despojadas de juízos ou comentários. Ele parece mais interessado em mostrar do que em intervir ou explicar. O texto ganha, por isso, fluidez e vivacidade. Ainda que, e como é próprio da dinâmica narrativa, o narrador mostrando, não deixe sutilmente de orientar. E o narrador revela uma estratégia que é literária, mas também teológica: apagando-se a si próprio, o narrador vai deixando tudo e todos suspensos da palavra reveladora de Jesus.

Não se pode imaginar história sem personagens

Não se pode imaginar uma história sem personagens. Não raro, é em torno delas que se desenvolve a ação ou se estrutura a economia narrativa. Os seus percursos, sujeitos a transformações, aprofundamentos, revisões, são, por assim dizer, o motor da intriga e o seu poder impressivo. Seymour Chatman chama-lhes "os existentes da história", pois mesmo quando a sua existência antecede e ultrapassa as fronteiras do espaço ficcional, enquanto personagens, elas podem ser reconstruídas pelo leitor através de traços explícitos ou implícitos que, progressivamente, vão sendo fornecidos pelo texto. Isso sem esquecer que, em tudo o que nos é dito e mostrado sobre as personagens, permanece uma porção insolúvel de obscuridade, de indecisão. As personagens, quando verdadeiras, são perceptíveis, mas também impenetráveis. Como esses vultos em certas pinturas que sugerem e evocam a realidade em vez de afirmá-la diretamente.

No episódio de Lc 7,36-50, temos quatro personagens (as três individuais de que falamos e uma coletiva) e é essa a sua ordem de entrada: um fariseu chamado Simão; Jesus; uma mulher inominada; e os comensais. O relato esboça um perfil de cada um e, por sua vez, cada um deles desempenha uma função no programa do conjunto. Na parábola que Jesus conta, e que nos aparece dentro da história principal, há ainda três personagens (o devedor de quinhentos denários; o devedor de cinquenta denários; o credor), mas só nos debruçaremos sobre elas ao explorar a parábola.

Um dos fariseus de nome Simão

A informação inicial que a narrativa nos presta sobre a personagem é que se trata de um dos fariseus. Obviamente, essa definição do singular pelo geral inscreve a personagem num determinado horizonte de significação. Na sua natureza originária o farisaísmo constitui um movimento judaico fundado no II séc. a.C., um século agitado por tantas crises, às quais ele se pretende como resposta. Uma resposta de cariz religioso, que se pode descrever como uma profunda aspiração à santificação da existência, expressa numa observância estrita da Torá e das Tradições dos Pais. Nem todos os conhecedores da Escritura eram fariseus e nem todos os fariseus eram especialistas no debate da Escritura, visto inclusive que as comunidades farisaicas reuniam tanto representantes dos extratos intelectuais como das classes humildes do povo. Contudo, a interpretação da Lei Mosaica, o comentário que favorecia a sua aplicação na vida cotidiana e a vigilância sobre o seu cumprimento são características que genericamente lhes estavam atribuídas.

Em Lc 7,36-50 é a primeira vez que Jesus come com fariseus, mas o leitor de Lucas saberá quem eles são, mesmo considerando que o seu retrato no Evangelho se reveste de uma complexidade própria. Os fariseus surgem na narrativa evangélica já no capítulo 5, ao lado dos doutores da Lei, e vão-se desenhando como um bloco opositor a Jesus. Assim, em 5,21, tomam por blasfêmia o fato de Jesus perdoar os pecados ao paralítico, pois ele parece desconhecer que essa é uma prerrogativa de Deus. A progressão de um sentimento contrário a Jesus, no grupo dos fariseus, pode detectar-se entre o episódio da cura do paralítico (5,17-26) e o da cura do homem com a mão atrofiada (6,6-11). Na conclusão do primeiro sublinha-se que Jesus os colocou diante de qualquer coisa inclassificável: "Vimos hoje coisas estranhas". Mas em 6,11, o espanto dá lugar ao desacordo e à resistência polêmica. Essa hostilidade crescente encontra ecos muito veementes no capítulo 7, onde Jesus reage contra fariseus e escribas por se terem escusado ao batismo de João, anulando "para si próprios o desígnio de Deus". O verbo apontado por Jesus, "rejeitar", relativamente raro nos sinóticos (2 vezes em Marcos; 3 vezes em Lucas), tem, desde o Antigo Testamento, uma conotação jurídica (Sl 88,35; 1Mc 11,36; 2Mc 13,25) equivalente a uma declaração de invalidade.

Mas alguns elementos do texto de São Lucas sugerem também uma proximidade entre Jesus e os fariseus, pelo menos maior do que a que se pode observar em Marcos ou Mateus. As refeições com os fariseus (Lc 7,36-50; 11,37-54; 14,1-24) estão ausentes dos outros sinóticos, e essas, se tivermos em conta o significado que lhes é concedido pelo movimento farisaico, representam, no mínimo, que eles aceitavam os contatos com Jesus e tinham para com ele curiosidade e atenções. Outro aspecto sintomático é que os fariseus, em Lucas, estão ausentes do relato da paixão, seja porque o evangelista simplesmente reproduz uma tradição recebida (em Marcos também estão ausentes, em Mateus são citados uma vez, Mt 27,62), seja porque isso reflete uma sua tendência. E há ainda a intrigante passagem do capítulo 13 em que são os fariseus a avisar Jesus das intenções persecutórias de Herodes (13,31-33), que revela uma certa cobertura de que Jesus gozava por parte daquele movimento.

De toda maneira, certa polêmica de fundo que atravessa o Evangelho como que se esbate perante o modo como esse episódio de 7,36-50 começa. O v. 36 apresenta-se, na sua rapidez, na quase naturalidade com que narra um fato extraordinário, despojado de qualquer indício de conflito. E um convite é um elemento positivo, uma abertura à alteridade ou o encenar dessa possibilidade.

Ao contrário de Lc 11,37-54 e 14,1-24, onde o anfitrião quase se dilui (na verdade, em ambas essas passagens, os fariseus estão presentes enquanto coletivo), no episódio de Lc 7,36-50, mesmo tendo-se começado por dizer que se trata de um dos fariseus, há traços na personagem que são únicos. Se é verdade que na sua atuação reproduz o quadro mental dos fariseus, nomeadamente na obrigação de se proteger da contaminação do pecado, é verdade também que, em relação a ele, Jesus parece ter alimentado expectativas maiores.

Normalmente os fariseus deslocavam-se ao campo de Jesus, fosse o lugar público do ensinamento (Lc 5,17); a casa de Levi (5,30); as plantações (6,2) ou a sinagoga (6,7). Esse fariseu estabelece um movimento contrário, permitindo que Jesus penetre no seu território. Segue, depois, atentamente a peripécia protagonizada pela pecadora, que se intromete na refeição que ele promove. Formula aí um juízo de distanciamento, instalando-se, porém, numa duplicidade pragmática: se no seu interior já julgou Jesus por causa da mulher, no seu registro exterior continua impávido. A imagem da personagem costura-se, assim, de uma ambiguidade: não expõe traços hostis (mesmo depois do acontecido, trata Jesus por "mestre" e intervém quando solicitado por Jesus), mas também já sabe que, perante os dados de que parte, não pode aderir ao seu hóspede.

Dá-se uma reviravolta na narrativa quando Jesus toma a palavra e revela a verdade profunda do fariseu, a começar pela do seu nome, Simão (v. 40), informação que, até aqui, não tinha sido referida. No paralelo estabelecido entre ele e a mulher pecadora, Jesus faz saber que o silêncio do fariseu, a sua abstenção de gestos não são atitudes ordinárias ou insignificantes, mas correspondem a uma estratégia de resguardo em face de Jesus e que essa estratégia está equivocada, pois se assenta em premissas que o próprio episódio se encarregará de relativizar.

Escutando, nos vv. 44-46, o elenco daquilo que Simão não fez, o perfil da personagem enriquece-se ainda, e de uma forma surpreendente, pois se a sua atuação nunca rompe a lógica do seu núcleo de pertença e desemboca num bloqueio paralisante (de fato, o anfitrião não parece capaz de intervir, apenas de julgar), essa atuação, no entender de Jesus, poderia ter sido diferente. A complexidade do personagem fariseu reside exatamente aqui: ele é contado pelo relato não só através do seu desempenho (onde Simão reproduz as concepções religiosas do seu grupo), mas também nos possíveis de uma ação que em determinada altura lhe foi acessível (o reconhecimento de Jesus) e que ele recusou. A partir do v. 47 o anfitrião desaparece.

O hóspede chamado Jesus

O Evangelho surge apostado, desde o princípio, em fornecer ao leitor, seja pela secção da infância (Lc 1,5–2,52), seja pela reiterada intervenção de personagens metaterrenas (anjos, demônios, a voz do céu), a identidade de Jesus, dotando-o antecipadamente de um conhecimento que falta às personagens da história. Estas procuram desvendar o segredo de Jesus, formulam hipóteses diversas, vigiam e espantam-se com os sinais, tentam construir, com as diversas informações trazidas pelos episódios, o *puzzle* da revelação. Por vezes, a verdade assoma, mas é logo silenciada, para que triunfe uma atmosfera enigmática, interrogativa, desconcertante, em que a revelação vai crescendo até se resolver nos acontecimentos da Páscoa de Jesus. As personagens da história estão diante do protagonista como no provérbio do profeta Isaías, que Jesus a dada altura reproduz: veem sem ver e ouvem sem entender (Is 6,9). Isso é uma fonte extraordinária de mal--entendidos e ambiguidades que fornece um enorme poder de sedução à narrativa. Ela balança-se entre o dito e o não dito, entre o mostrado e o escondido, entre o oculto e o revelado. Daí também o papel que a ironia desempenha no terceiro Evangelho, como tem sido reconhecido.

Em 7,36-50, a personagem Jesus é verdadeiramente o centro da narração, uma espécie de ímã que faz confluir em si todos os eixos factuais. Se as outras duas personagens, o fariseu e a mulher, alternam um tempo de exposição com um tempo de sombra (nos vv. 37-38, a mulher está exposta e o fariseu está na sombra; nos vv. 40-42, está ausente a mulher e o fariseu presente), Jesus, direta ou indiretamente, atravessa todos os momentos do episódio. A sua entrada em casa do fariseu assinala o início da ação. Ele é o motivo declarado da vinda inusitada da mulher pecadora àquele lugar e é o alvo exclusivo da ação que ela desempenha. A sua passividade provoca o fariseu, que discorre não sobre a mulher, mas sobre a identidade do seu convidado. Jesus é uma personagem onisciente. Para as outras personagens as informações chegam através do narrador. Jesus, porém, inaugura o discurso direto e responde em alta voz ao que as outras personagens calam.

O fariseu, por exemplo, fica prisioneiro das premissas iniciais para o seu julgamento da realidade. Jesus não julga apenas os fatos, possibilita também a sua transformação. O seu espaço de intervenção é o mais amplo: Ele conhece elementos que as outras personagens ignoram, conta uma história que, aparentemente, se subtrai ao contexto, mas que afinal o encena, contorna os obstáculos que aprisionam a situação e recria, de novo, uma possibilidade para o imprevisto. Retorna ao passado da narração e desvela um significado que abala o presente. Explica. Resolve. A verdade é revelada progressivamente não pelo narrador ou por outra personagem, mas pelo próprio Jesus.

Que Jesus fosse considerado um mestre, isso não despertava oposições. Jesus é frequentemente interpelado a partir do papel social de mestre que lhe era reconhecido tanto pelos mediadores oficiais do judaísmo do seu tempo (fariseus: 7,40; 19,39; gente ligada à sinagoga: 8,49; legistas: 10,25; 11,45; saduceus: 20,28; ou seus enviados: 20,21; e escribas: 20,39) como por interlocutores anônimos que o escutavam (9,38; 12,13; 18,18;

21,7). Há, de fato, na aparência do ministério de Jesus muitos traços que o aproximariam desse paradigma: as suas palavras e ações caracterizam-no como um mestre. O próprio Evangelho está repleto de indicações: desde referências explícitas à ação de ensinamento (4,15; 11,1), à descrição das audiências que o seguiam (9,14; 10,39); desde notícias de disputas com os chefes do povo (20,21s.28), até a referência aos aspectos formais do ensino (recurso a provérbios, parábolas, paradoxos, ações simbólicas...).

O nó do problema é outro, contudo, como nos permite pensar o relato. A primeira questão que se colocava sobre Jesus era a de saber se ele era um profeta (v. 39). Mas no quadro final, no v. 49, os comensais já estão preocupados com outra realidade: "Quem é este que até perdoa pecados?". Entre as duas questões há uma desproporção semântica que mostra como, na sua brevidade, o texto nos conduziu a um patamar realmente novo. Porque uma coisa é ser um profeta, houve tantos na tradição de Israel, outra é reclamar o poder do perdão dos pecados.

Essa história lucana reflete o mistério da inter-relação de Deus e Jesus para definir, a partir daí, a identidade daquele hóspede. Ele é, de fato, o protagonista do episódio. A luz que o texto transporta é para que o possamos ver melhor.

Uma intrusa sem nome

Uma personagem feminina. O terceiro Evangelho é aquele que conserva mais relatos de mulheres: é, por exemplo, o único que conta a história de Isabel (1,5-25), Maria (1,26-56), Ana (2,36-38), a viúva de Naim (7,11-17), Maria Madalena, Joana, Susana e as outras mulheres que seguiam Jesus (8,1-3), Marta e Maria (10,38-42), a mulher encurvada (13,10-17), a mulher que procura a moeda perdida (15,8-10), a viúva insistente (18,1-8) e as mulheres de Jerusalém que choram atrás da cruz (23,27-31). Para lá daquelas mulheres cuja referência partilha com os outros sinóticos, como é o caso da sogra de Simão (5,38-39; Mt 8,14-15; Mc 1,29-31), a hemorroíssa e a filha de Jairo (8,40-56; Mt 9,18-26; Mc 5,21-43), a viúva que dá tudo quanto tinha para o tesouro do Templo (21,1-4; Mc 12,41-44), as mulheres galileias que descobrem o túmulo vazio (24,1-8; Mt 28,1-8; Mc 16,1-8). Para um leitor de Lucas não é estranho, portanto, que uma mulher acorra à procura de Jesus. O encontro com mulheres pontua o caminho de Jesus. E à partida sabe-se que muitas acolhiam a mensagem e a pessoa de Jesus. O aparecimento de uma mulher acaba sempre por trazer um elemento positivo à narração.

O primeiro dado inesperado, por parte do narrador, é o modo como apresenta a mulher: "uma pecadora". Isso é tanto mais espantoso, quanto sabemos que Lucas não caracteriza moralmente outras personagens. E, precisamente em relação aos pecadores, ele distingue-se por uma grande delicadeza, feita de silêncio e reserva. Embora alguns comentadores digam tratar-se de uma prostituta, isso não nos é referido por Lucas, que poderia ter utilizado essa designação como o faz noutra passagem, Lc 15,30. Afirma-se simplesmente que era uma pecadora da cidade (v. 37), e tal é reiterado pelo próprio fariseu (v. 39).

A mulher irrompe pela narrativa. A sua presença não tem, como no caso anterior, a legitimidade de um convite formulado. Nem ela surge por si, mas porque Jesus se encontra à mesa do fariseu. É, portanto, desde o início, uma personagem que se coloca na órbita de outra e assume essa dependência.

Uma justificação de que o narrador sutilmente avança para a entrada da mulher deve ler-se no destaque concedido ao alabastro, com perfume, que ela traz: por um lado, o objeto oferece à mulher um motivo, uma função; e, por outro, empresta uma espécie de ingrediente novo e específico à narrativa. Basta comparar 7,36-50 com 11,37-54 e 14,1-24, que mostram sobretudo como Jesus reage às abluções, às disputas dos lugares ou à lógica retributiva que presidia à organização dos banquetes. O perfume como que fornece o móbil que depois a própria trama se encarregará de intrincar: a qualidade do acolhimento a Jesus.

É difícil permanecer indiferente ao trânsito dessa personagem que nos é descrita numa impressionante lentidão. A mulher entra e sai em silêncio, mas o leitor sente que a sua passagem se revestiu de uma eloquência ímpar. Em vez de palavras ela utilizou uma linguagem plástica, talvez mais contundente que a verbal. Representou, como atriz solitária, no palco da casa do fariseu, o seu monólogo ferido: com o seu pranto prolongado, os cabelos a arrastar-se pelo chão do hóspede, numa coreografia humilde e lancinante, os beijos e o perfume que mais ninguém ali teve a preocupação de ofertar a Jesus. A qualidade penitencial da personagem é testemunhada pelo território simbólico em que ela opera, os pés de Jesus, sete vezes referidos, e pela convulsão da sua figura (pense-se que descobrir o cabelo diante de um homem estranho era considerado, para uma mulher, uma grande desonra).

Nas passagens paralelas a Lc 7,36-50 (Mc 14,3-9; Mt 26,6-13; Jo 12, 1-8), a mulher unge Jesus, mas não chora. No episódio lucano as suas lágrimas substituem a água da hospitalidade que faltou. "Pelas minhas lágrimas, eu conto uma história", explicava Roland Barthes. Segundo aquele ensaísta, as lágrimas são uma realidade tudo menos insignificante. Porque temos muitas formas de chorar e essas revelam não só a intensidade do nosso desgosto, mas também a natureza da nossa sensibilidade. Porque ao chorar, mesmo na mais estrita solidão, nos dirigimos a alguém: esforçamo-nos para o outro não ver que nós choramos, mas a verdade é que nós choramos sempre para um outro ver. Porque as lágrimas emprestam um realismo particular, dramático, à expressão de nós próprios. Na tradição bíblica é muito comum que o pranto acorde no homem a consciência da dependência divina. Ele reconhece a sua insuficiência, a debilidade das suas seguranças e reclama a intervenção favorável e protetora de Deus (1Sm 1,10; Lm 1,16).

A mulher inominada não cumpre os rituais de hospitalidade ao serviço da casa do fariseu. Em relação ao fariseu ela é uma intrusa, e não uma associada. O seu nexo é com Jesus: os seus gestos, tão distantes, na sua emotividade, daquela delicada indiferença que se requer a quem habitualmente presta, aos hóspedes, esse serviço, são interpretados por Jesus como uma forma de acolhimento na fé: por isso, de pecadora a mulher passará a perdoada. E a transformação do estatuto da mulher derrama um perfume novo não só na perícope, mas pelo próprio Evangelho.

A mulher é a personagem-adjuvante: torna-se o objeto da ação transformadora de Jesus, e a sua transformação é colocada a serviço da revelação de Jesus.

Os outros comensais

Enquanto as três primeiras personagens que referimos são, evidentemente, protagonistas da narração, construídas com uma primorosa complexidade que visa reforçá-las no seu estatuto de figuras individuais, no final do episódio irrompe essa personagem coletiva. Os comensais acompanham supostamente toda a ação, mas sem intervir. Percebemos assim que o convite que o fariseu endereçou a Jesus não foi para uma refeição privada, mas para um repasto na companhia de outras pessoas, e como é provável, pessoas próximas, que mantinham com o fariseu afinidades sociais e religiosas. Isso se torna claro, por exemplo, na pergunta retórica que lançam, "quem é este que até perdoa pecados?", uma repetição óbvia de Lc 5,21, que ganha no entanto aqui um sentido ainda mais incisivo e determinante para a orgânica do relato. Os comensais aparecem como personagens secundárias que aparentemente não condicionam o desenrolar da intriga, mas cujo papel se revela a chave para a representação da ação.

O movimento das personagens diz o quê?

Se não podemos, em rigor, considerar a perícope de Lc 7,36-50 uma composição estática, é verdade também que ela não cabe na classe dos relatos de ação. Aquela impressão, tão própria da narrativa, de que os problemas devem ser resolvidos, e as coisas devem chegar de qualquer modo a uma solução, numa espécie de desenlace, expressa-se no nosso relato não pelo processo de encadeamento de ações, mas pela dialética gerada entre ação e interpretações. Como consequência, uma das características que imediatamente se colhe é a desproporção entre o espaço, relativamente pequeno, concedido à ação (vv. 36-38) e aquele, mais amplo, emprestado à palavra (vv. 39-50).

De Jesus descrevem-se apenas três movimentos: entra em casa de um dos fariseus, reclina-se à mesa e, mais tarde (v. 44), volta-se para a mulher inominada. A sua passividade não passa, porém, despercebida ao anfitrião, que esperava dele uma outra atitude que faltou (v. 39). O fariseu, por seu lado, supõe-se que já ali estivesse investido na função de dono da casa. Paradoxalmente, a esse papel regulador vai corresponder mais a abstenção do que a interferência, fato que não deixará também de ser sublinhado e avaliado por Jesus (vv. 44-46). Somos ainda informados da presença de uma mulher pecadora, cuja deslocação é suposta, mas não referida: serão os gestos que essa intrusa dirige a Jesus que ocuparão o centro da discussão. Gestos descritos primeiramente pelo narrador, de modo circunstancial e isento (v. 38), mas que depois serão retomados segundo perspectivas muito diferenciadas, pelo fariseu e por Jesus. No v. 49 intervém uma personagem coletiva, os comensais, que se quedam por uma verbalização de desconforto em face do que ouvem de Jesus. Claramente, em Lc 7,36-50, a predominância é concedida ao discurso.

A desproporção entre peripécia e interpretações mostra que a espessura de Lc 7,36-50 se vai construir sobretudo no plano valorativo: o fariseu distancia-se de Jesus, julga a intervenção da mulher e avalia as personagens da parábola; Jesus considera em paralelo (logo avalia) a ação da mulher e a não ação do fariseu, mostra conhecer com realismo a situação e as motivações de um e de outro, e comunica à pecadora o perdão; até os comensais estão mais interessados em julgar Jesus do que em agir. A escassez da ação é corroborada por uma notável concentração espacial: tudo se passa em torno da casa do fariseu.

Idêntica corroboração inscreve a categoria temporal. Até esse momento narrativo, a atividade pública de Jesus traduziu-se apenas em solicitações para que ele agisse em favor de outrem: fossem curas, exorcismos, palavras. Esse episódio lucano introduz um novo registro: Jesus não convida, é convidado. Ele aceita ser alvo do desejo e das manifestações de atenção dos outros. Essa nova situação de Jesus consente um tempo psicológico diferente. A dinâmica narrativa mais comum no terceiro Evangelho, e que favorece a velocidade do relato, é a reação pronta (das multidões, dos opositores...) a uma ação de Jesus. Há uma correspondência imediata, um jogo reflexo de causa e efeito. Lc 7,36-50 coloca-nos perante um cenário em que a ação não pertence a Jesus: o que se lhe atribui e critica é uma não ação. Por isso, é como se o tempo interior se dilatasse: a velocidade dá lugar à lentidão, o ritmo aproxima-se do descritivo, inscrevem-se hiatos, argumentações e silêncios, criam-se suspensões. A própria estrutura do episódio, assente no retorno sucessivo aos fatos iniciais, acentua um inusitado sentimento de duração.

O papel que cada uma representa

Tentamos uma aproximação à identidade das personagens, partindo dos elementos inscritos na intriga que reforçam cada individualidade. Mas parece-nos que o retrato das personagens ficaria incompleto se não aludíssemos aos papéis narrativos que elas desempenham e que permitem integrar cada uma numa determinada tipologia.

Se tivéssemos de escolher uma metáfora para exprimir a relação que as três personagens individuais mantêm entre si, surgiria a incontornável imagem do triângulo. O fariseu manifesta, com o convite feito a Jesus, o desejo da sua presença. A mulher inominada irrompe na casa de Simão, unicamente porque Jesus está ali. De Jesus, pode dizer-se que acolhe o desejo de ambas as personagens: aceita a refeição do fariseu e o alabastro de perfume da pecadora.

Simão pretende a companhia de Jesus. O fato de o convidar para sua casa pode ser considerado um sinal de abertura e até de afetuosidade para com Jesus, pois a casa, em sentido translato, evoca a família, o círculo mais íntimo das relações interpessoais. Embora possa ter também uma conotação ambígua, pois esse capítulo 7, onde está o nosso episódio, abre precisamente com a história do centurião que manda dizer a Jesus, "não sou digno que entres debaixo do meu teto" (7,6), merecendo, tal fato, um elogio rasgado de Jesus ("Digo-vos que nem em Israel encontrei tamanha fé" – 7,9). O que se pode dizer é que Simão convoca Jesus para uma refeição em sua casa e isso é uma atitude que revela atenção, mas também segurança em si próprio (nem se coloca o problema de ser ou não digno da visita de Jesus).

Enquanto que é Jesus que se tem de deslocar na direção do fariseu, é a mulher que se desloca na direção de Jesus. O anfitrião recebe Jesus numa posição cômoda, porque está no seu mundo e tem, de alguma maneira, o controle da situação. A mulher está no polo oposto. Ela não deixa de ser uma intrusa naquele espaço que não é o seu e que lhe é hostil, pois imediatamente se recorda da sua condição de pecadora. É exterior àquele contexto religioso e moral, e os seus gestos são vigiados no pormenor.

Simão e a mulher inominada situam-se de maneira diferente perante Jesus. Podemos, ao longo do episódio, constatar entre o fariseu e Jesus uma distância que não se dissolve. O fariseu ajuíza a partir das próprias prerrogativas, não com base na novidade de Jesus, e o equívoco, que ele julga entrever na atitude do hóspede para com a mulher, acaba por lhe ser devolvido, perante a confirmação da identidade profética de Jesus.

A mulher vem de mais longe, mas expõe-se inteiramente, confiando mais nas lágrimas do que nas palavras, sem se abrigar à falsa sombra das autojustificações, sem julgar ninguém, humilhando-se apenas. E a autenticidade da sua declaração sem palavras permite que Jesus se revele a ela, desencadeando no seu percurso uma transformação.

Simão e a mulher começam por ser personagens ativas e tornam-se depois passivas. Enquanto Jesus, de passivo, no primeiro quadro, passa a personagem ativa, nos dois quadros seguintes. No *primeiro quadro*, Jesus, mesmo em silêncio, é a personagem influente, pois a ação da mulher e o pensamento de Simão giram em torno dele. Depois, Jesus assume um papel autônomo, tomando ele a palavra e agindo segundo os seus próprios pressupostos. E isso introduz uma reviravolta na narrativa.

O fariseu é uma personagem conservadora. Como explica a tipologia dessas personagens, a sua função é a manutenção do equilíbrio das situações ou a restauração da ordem ameaçada. A pecadora é a personagem modificada pela narração, e Jesus é a personagem modificadora.

No final desse despiste do relato, percebemos que Jesus é a personagem protagonista, a mulher é adjuvante, e Simão é a antagonista, e que as suas lógicas têm orientações inversas. Essa tensão, porém, é a energia da narrativa.

A função narrativa dos comensais sustenta e amplia as posições do anfitrião. Entre o silêncio de Simão, que expressa as reservas deste para com Jesus, e o silêncio dos comensais, nós podemos ver uma linha de continuidade. Tal como entre o monólogo interior de Simão no v. 39 e a interrogação final dos comensais, dez versículos depois, há um nítido alinhamento. No fundo, a estratégia de duplicidade daquela personagem (sem agressão, a ponto de parecer acolhimento, mas, afinal, com um distanciamento interior vincado) é seguida por alguns dos presentes. Não perturbam o curso dos acontecimentos, mas de modo nenhum podemos pensar que o aprovam.

Essa personagem coletiva define também o caráter público das ações e das palavras de Jesus. Ele não agiu no segredo ou não se revelou apenas aos iniciados, mas o seu ensinamento pôde ser verificado por quem o desejasse.

Entre contraste e encontro:
o jogo dos pontos de vista

No texto de Lc 7,36-50 podemos surpreender um intrincado e fascinante jogo de olhares. Esse é considerado um dos recursos mais importantes da estratégia narrativa. Na verdade, a visão é sempre uma realidade limitada a um ponto de vista e, por exemplo, o conceito de focalização torna isso claro, revelando o condicionamento, quantitativo e qualitativo, da informação veiculada.

Numa primeira abordagem a esse episódio lucano, ressalta o papel do narrador, onisciente, colocado numa posição de transcendência em relação ao universo do relato: é ele que descreve o exterior e o interior das personagens, o espaço preciso que ocupam, geográfico e moral, as suas ações e os seus pensamentos. Poderíamos, apressadamente, considerá-lo como o foco narrativo, cujo ponto de vista exclusivo determina a orientação desse texto. Uma reflexão mais cuidada faz-nos perceber que não é assim.

De fato, se o narrador tem um grande ascendente sobre certas personagens, não o tem em relação a todos. Ele caracteriza moralmente a mulher e testemunha o discorrer secreto do fariseu. Essas personagens não precisam dizer nada para sabermos das suas intenções. Contudo, em relação a Jesus não é assim. A sua revelação não é feita pelo narrador, mas por ele próprio. É sintomático que do fariseu e dos comensais tenhamos apenas pequenas declarações, e a Jesus seja dado, de modo tão predominante, o discurso direto. O impacto de Jesus na narrativa obriga-nos a delimitar o estatuto onisciente desse narrador.

O texto abre de forma muito interessante, pois, se nos perguntarmos "de quem é o olhar que vê aquilo que o leitor vê?", vamos encontrando respostas diferentes. Numa primeira análise, a resposta certa parece ser o narrador. E é uma resposta muito sedutora, se pensarmos na amplidão do conhecimento que ele manifesta: apresenta a mulher com uma precisão desconcertante, descreve pormenorizadamente os seus atos, sabe que dúvidas passam pela cabeça de Simão... O olhar que temos da situação assemelha-se a um voo completo sobre a realidade, onde nada nos pode escapar. E isso porque beneficiaríamos do ponto de vista do narrador (o ver e o saber do narrador são mais completos que os do narratário).

Outra hipótese de resposta pode ser o próprio Simão. E temporariamente talvez o seja. Pelo menos é isso que a estratégia utilizada pelo narrador nos quer pôr a pensar. O pano abre-se com o longo trecho da ação da pecadora, mas é preciso dizer que mesmo demorando-se aí com uma lentidão extraordinária, a deslocação continua: começa-se por mostrar "o que se pode ver" para, só depois, revelar "o sujeito que vê". Nesse sentido, o texto é muito claro. A viagem que se inicia no v. 36, com o convite e a chegada de Jesus, muda inesperadamente de rumo com o v. 37, que traz consigo a mulher inominada, e no v. 38 atinge o seu auge, quando, com essa unção, que mistura lágrimas e perfume, ocorre o que não poderia ocorrer. O v. 39, que sintomaticamente tem como primeira palavra um verbo ligado à visão, é o ponto de chegada e de esclarecimento da viagem. O "sujeito que vê" é Simão e nós leitores não fizemos outra coisa que seguir o itinerário do seu olhar. Mas não um olhar qualquer. A passagem do relato externo para o relato interno que esse versículo, com o monólogo íntimo da personagem, introduz, atesta que o olhar em causa não é o de um casual e descomprometido espectador, mas o olhar que expressa uma posição afetiva, ideológica e moral.

Por outro lado, se o fariseu, dono da casa, detém aqui realmente o foco narrativo, há elementos enigmáticos que subitamente se iluminam. Por exemplo, compreenderíamos melhor a apresentação da mulher como pecadora: tal aconteceria, porque corresponde ao ponto de vista do fariseu. Ou perceberíamos melhor a opção de centralidade que se faz em relação à pecadora (calando outras coisas que naturalmente aconteceram durante a refeição, de que, na verdade, nem se chega a falar): o fariseu queria ter um juízo sobre Jesus e o incidente da mulher deu-lhe um pretexto excelente.

Mas o jogo inicial não se estanca aqui. A chegada do v. 40 guarda-nos uma admirável reviravolta. Jesus fala agora a Simão. O que os vv. 40-47 nos vão provar é que Jesus vai reagir não às palavras, mas ao ponto de vista do anfitrião sobre o momento anterior. De forma quase lúdica, poderíamos dizer que o texto apresenta Jesus a ver um fariseu que pensa que vê e a fazer-lhe ver, naquilo que ele pensa que vê, o que ele não vê. Por isso é que os pontos nevrálgicos de ambos os quadros estão assinalados por um verbo de visão: o v. 39, de que já falamos, e o v. 44, "Vês esta mulher?", onde Jesus força o fariseu a um regresso ao que ele viu para que veja outra coisa.

O anfitrião só a prazo detém a focalização. A engenhosa construção narrativa de Lucas, progressivamente, nos revela um segredo. À primeira vista podemos até pensar que estamos apenas perante uma história que nos é contada. Depois, percebemos que nós vimos o que o dono da casa viu, mas não temos ainda razões para questionar o seu ponto de vista. Com a intervenção de Jesus, surge uma nova perspectiva narrativa. Ele demonstra que a visão do fariseu era, afinal, um ângulo visual escolhido e que dessa maneira ele exprimia o seu modo de receber os acontecimentos e de os julgar, modo que a vinda de Jesus tornava inaceitável.

Num texto que é, profundamente, como veremos, um texto de revelação, a análise dos pontos de vista em jogo sublinha essa dialética entre o exterior contemplado e o interior de quem contempla, entre o ver e o ser visto, entre o que se via antes e o que se vê depois de o Verbo de Deus falar.

II | UMA HISTÓRIA É UMA SEQUÊNCIA DE QUADROS

Um episódio narrativo é normalmente formado por quadros que se sucedem, numa dinâmica semelhante a uma montagem cinematográfica. Eles dão a ver o filme dos acontecimentos. Os quadros são unidades narrativas mínimas, facilmente reconhecíveis, porque dotadas de uma coesão semântica. O episódio vive da sua combinação, num processo que revela muito da arte de contar.

Olhando para o nosso episódio, ressalta o desenho de *três quadros*: 1) vv. 36-38; 2) vv. 39-47; 3) vv. 48-50. A própria estratégia textual justifica essa divisão. No *primeiro quadro*, Jesus é objeto de uma dupla ação que tem por sujeito o fariseu (o convite) e a mulher (a unção). No *segundo quadro*, Jesus é o sujeito de uma ação verbal que tem por objeto Simão, o fariseu, e, indiretamente, a mulher pecadora. E, no *terceiro quadro*, o objeto da ação verbal de Jesus (uma ação com caráter performativo) é a mulher inominada, tendo por contraponto os comensais. Podemos, de fato, dizer que um mesmo fluxo temático costura os três momentos, mas cada um deles representa uma etapa do programa narrativo.

O episódio está construído sobre essa curiosa estrutura ternária, pois as relações entre as personagens sendo explicitamente binárias, têm sempre uma terceira no horizonte. Assim se percebe que o convite do fariseu a Jesus possibilite a intromissão da pecadora; no *segundo quadro*, que Jesus dialogue com o fariseu, mas estando voltado ("voltando-se para a mulher") para a pecadora; no *último quadro*, que Jesus fale com a mulher, mas que o que ele diga desperte a reação dos comensais. As personagens que surgem na parábola, confirmam também, como mais tarde veremos, esse ritmo narrativo.

Trata-se, à primeira vista, de uma estrutura simples, mas de maneira nenhuma elementar. Surpreende mesmo a complexidade e a eficácia que a narrativa consegue. Os três quadros, se é possível isolá-los pelo contributo particular que fornecem, estão, contudo, unidos por relações indivisíveis e intrincadas de solidariedade e de progressão narrativas, que tentaremos também aclarar.

Primeiro quadro (vv. 36-38): o convite do fariseu e o estranho comportamento de uma intrusa

O *primeiro quadro* está articulado em duas partes: o v. 36, que diz respeito ao fariseu, e os vv. 37-38, que referem o trânsito da mulher.

> [36]Convidou-o um dos fariseus para que comesse com ele. Entrando em casa do fariseu reclinou-se à mesa. [37]E eis uma mulher, que na cidade era uma pecadora, sabendo que ele estava à mesa em casa do fariseu, trouxe um alabastro de perfume [38]e, colocando-se por detrás dele e a seus pés, chorando começou a banhar-lhe os pés com lágrimas e com os cabelos da sua cabeça os enxugava e beijava-lhe os pés e ungia-lhos com perfume.

O v. 36 relata, com uma velocidade assinalável (utilizam-se em grego apenas dezoito palavras!), as coordenadas de uma situação: um dos fariseus convida Jesus para uma refeição e Jesus aceita, entrando na casa daquele e colocando-se à mesa. É tudo o que o fariseu lhe oferece. Com um breve versículo, temos, assim, a definição do espaço (a casa do fariseu) e da circunstância do enredo (a refeição), bem como a indicação das personagens em questão (o fariseu e Jesus). O v. 36 é que gera as condições para o v. 37 acontecer (a entrada de Jesus na casa do fariseu torna possível a entrada de uma nova personagem na narração); e com o v. 37 passa-se para um segundo momento narrativo.

A mulher irrompe no contexto da ação anterior como uma intrusa. Poderíamos, talvez, sondar a verossimilhança histórica e literária da sua entrada em casa de alguém tão escrupuloso em selecionar as suas companhias (o termo "fariseu" quer dizer etimologicamente "um separado"), na já referida tradição palestinense de permitir, durante os banquetes, que as portas sejam franqueadas por curiosos. Mas a sua presença, sendo insólita, é, contudo, conduzida por um fito que o narrador se apressa a denunciar. Ela está ali porque soube de Jesus sentado à mesa em casa do fariseu. E, por isso, a mulher chega e, sem ajuda de ninguém, identifica-o, colocando-se, de forma visível, atrás dele.

É, precisamente, a caracterização da mulher como pecadora, ainda para mais reconhecida na cidade, como nos diz, primeiro, o narrador e, logo adiante, o próprio fariseu confirma, que vai fornecer à situação um caráter altamente polêmico. Surpreende que um narrador tão contido como aquele que vimos ser o de Lc 7,36-50 interfira assim na apresentação da mulher. Ele pareceu menos preocupado em adiantar dados que se julgariam mais necessários, como o nome ou as motivações dela. Além disso, o desenrolar do texto mostra-nos que dessa informação do narrador não depende a evolução da história: na verdade, o fariseu ou Jesus estão já na posse desse elemento e atuam em conformidade. Mesmo se a hipótese de um desconhecimento, por parte de Jesus, pudesse ser ainda sugerida, ela seria recusada pelo desenlace. Que consequência tem, portanto, a informação do narrador e que pretende com ela?

A revelação do narrador tem impacto, pois dota o leitor de uma competência semelhante à dos atores da narrativa. A sua pretensão é, no fundo, que a enfática fórmula verbal "vendo", à cabeça do v. 39, aquele que sucede este *primeiro quadro*, corresponda não só à visão do fariseu, a primeira personagem a reagir, mas também àquilo que observou o leitor: ambos podem dizer que viram entrar uma mulher reconhecida publicamente como pecadora, ajoelhar-se aos pés de Jesus, banhá-los de lágrimas, enxugá-los com os cabelos, cobri-los de beijos e de perfume. E escandalizar-se com isso.

Os fariseus representavam, no judaísmo comum, não só o devotado zelo por Deus e pela sua Lei, mas também a perseguição obediente dos mandamentos na vida cotidiana. Para os fariseus, manter a pureza ritual em torno da mesa e da refeição, fugindo de todo contato que os pudesse contaminar, é um ponto central. Mesmo E. P. Sanders, que se esforça por demonstrar que os fariseus não retinham excluída da esfera do divino e do sagrado a gente comum, reconhece que os fariseus se consideravam um grau acima na escala da pureza e preferiam não comer com pessoas que transportassem impureza. O que começou a acontecer não é, portanto, um discreto incidente que se possa, delicadamente, contornar, mas é alguma coisa que põe profundamente em causa os valores daquele correto anfitrião.

Para além disso, um banquete rege-se por regras de cortesia, de contenção e cordialidade, ainda que tácitas (por exemplo, o anfitrião nunca confronta Jesus abertamente com aquilo que se está a passar). O pranto da intrusa, pelo contrário, implica um registro de exposição. E a mulher não apenas chora: banha-lhe os pés, enxuga-os com os cabelos e, antes de os ungir com perfume, ainda os beija! Em resumo, para usar a expressão do fariseu, "toca-o".

Do ponto de vista do relato, estamos perante uma desaceleração. Se o início do quadro (v. 36) surpreendia pela sua velocidade, o v. 38 introduz um ritmo mais lento (das dezoito palavras em grego, passa-se para trinta e uma, só neste versículo!). Um exemplo é aquilo que ocorre com o perfume. Já no v. 37 se mostra o vaso de alabastro com perfume, mas a unção, propriamente dita, só aparece no fim do v. 38. O que acontece entre o anúncio ("trouxe um alabastro de perfume") e a realização ("e ungia-lhos com perfume"), não traz propriamente uma evolução à história contada. Traz é ao nível da intensidade da ação.

E a estratégia da enumeração verbal, em sequência temporal (ela chorou, banhou-lhe os pés, secou-lhos, beijou-os, ungiu-lhos), produz esse efeito, ralentando a composição e demorando-se na expressão de sentimentos.

O relato ao mesmo tempo que é econômico e se preocupa em descrever objetivamente uma realidade, consegue explicitar todo o dramatismo aí em jogo.

Vejamos melhor: a descrição que o narrador faz no v. 38 dir-se-ia muito objetiva, um adequado elenco sequencial dos acontecimentos, que ele não "macula" com qualquer intromissão: nem uma palavra, um pensamento ou juízo. Mas tal concisão do narrador, depois da etiqueta de "pecadora" que ele havia colado à personagem no v. 37, suspende o texto de uma indesmentível ambiguidade. Que pensar? Os gestos da mulher inominada honram Jesus ou lançam sobre ele um incômodo descrédito? Ela derrama lágrimas de arrependimento ou de gratidão? A sua comoção é autêntica ou simulação trivial de aduladora?

Basta aludir brevemente ao acumular de interpretações sobre a natureza dos gestos da intrusa para se perceber que o narrador lucano alcançou, de fato, o seu objetivo: construir um texto que suporta múltiplas abordagens e que se subtrai incessantemente a elas. Como se sabe, em torno do corpo humano sedimentam-se as dimensões culturais fundamentais. E os gestos, enquanto expressões do corpo, constituem, como diz Greimas, "um mecanismo complexo que reúne, graças à sua mobilidade, as condições necessárias à produção de desvios diferenciais do significante". Desses gestos, em concreto, descritos com verbos no imperfeito e ligados sindeticamente por um repetido "e", numa sequência impossível de não ser notada, muitas significações têm sido avançadas: que têm um abrupto caráter dolente e penitencial, se pensarmos sobretudo na corrente não premeditada das lágrimas, quando a intenção era a de ungir Jesus; que são uma revisitação agradecida por um dom (o perdão?) anteriormente recebido; que o inusual registro dos cabelos descobertos e dos beijos, bem como a insistência na nomeação dos pés, corroborariam uma dimensão erótica para a cena; ou que, precisamente, a insinuante simbólica dos pés nos permitiria tomar o trecho de Is 52,7 ("Quão suaves são, sobre os montes, os pés do que anuncia boas-novas, que faz ouvir a paz, que anuncia o bem, que faz ouvir a salvação, que diz a Sião: o teu Deus reina") como chave de todo o episódio. Multiplicam-se as leituras e o enigma adensa-se!

Mas o próprio narrador parece interessado em alimentar essa ambiguidade. De outra maneira ele teria respeitado, na narração, a ordem da história, não relegando para os vv. 44-46 a denúncia das omissões do fariseu no trato com o hóspede. Só *a posteriori* o leitor é confrontado com omissões que tiveram lugar, sublinhe-se, antes da intervenção da inominada. Se o inverso acontecesse, a ação da mulher ganharia, por contraste com a não ação do fariseu, um sentido imediatamente positivo. Assim, pelo contrário, mantém-se a irresolúvel ambiguidade dos seus gestos que contamina tanto quem está fora (o leitor) como quem está dentro da história. De fato, no v. 39, o fariseu medita: "se este fosse profeta saberia que a mulher que o toca é uma pecadora". Isso o que quer dizer? Que dos próprios gestos da mulher não se depreendia que ela era uma pecadora? Que era preciso ser profeta para adivinhá-lo?

Podemos concluir, da análise dos versículos iniciais (vv. 36-38), que Lucas nos convoca para uma situação de potencial conflito, sobretudo tendo em consideração os precedentes, mas que, de alguma maneira, ele sustém o momento narrativo num ponto em que desfechos muito diferentes são ainda possíveis.

III
HÁ MAIS DE UMA MANEIRA DE VERMOS A MESMA COISA

No v. 36 o fariseu protagonizava a ação. Dos vv. 37-38, ele, por razões compreensíveis, está ausente, mas sabemos que aqueles acontecimentos se desenrolam num espaço tutelado por ele (a sua casa), espaço que, contra as suas previsões, corre o risco de contaminação, pois à noção de puro/sagrado opõe-se aquela representada pelo pecador.

Segundo quadro (vv. 39-47): "Vês esta mulher?"

O *primeiro quadro* (vv. 36-38) ocupou-se do relato dos eventos. Chegou agora, com o *segundo quadro* (vv. 39-47), o tempo da leitura daquilo que se viu e das respectivas ilações.

> [39]Vendo isso, o fariseu que o tinha convidado disse para consigo: se este fosse profeta, saberia quem e de que espécie é a mulher que o toca, pois é uma pecadora. [40]Tomando a palavra, Jesus disse-lhe: "Simão, tenho uma coisa a dizer-te". E ele responde: "Fala, Mestre". [41]"Dois devedores tinham um credor: um devia-lhe quinhentos denários e o outro cinquenta. [42]Quando não tinham com que pagar, a ambos perdoou. Qual deles, então, o amará mais?" [43]E Simão respondeu: "Suponho que aquele a quem mais perdoou". E ele disse-lhe: "julgaste bem". [44]E, voltando-se para a mulher, disse a Simão: "vês esta mulher? Entrei em tua casa, e água sobre os pés não me ofereceste: ela, porém, com as lágrimas banhou-me os pés e com os seus cabelos mos enxugou. [45]Um beijo não me deste: ela, porém, desde que eu entrei não cessou de me estar beijando os pés. [46]Com óleo minha cabeça não ungiste: ela, porém, ungiu com perfume os meus pés. [47]Por isso te digo: são perdoados os pecados dela, os muitos, porque amou muito: mas aquele a quem pouco é perdoado, pouco ama".

Tudo o que aqui sucedeu só pode despertar no fariseu rejeição e perplexidade. Perante o que ele vê (e que é aquilo que o leitor vê), a sua consciência reage, e nós ficamos a saber o seu juízo crítico, distanciado daquele espetáculo. Que no seu discorrer íntimo, ele reduza as trinta e uma palavras gregas desse comovente v. 38 apenas a duas, "o toca", sinaliza bem a sua avaliação discordante.

Perante aqueles incidentes pesa uma condenação que vem da Lei e dos Profetas (Is 52,11). Ele alarma-se com a passividade de Jesus. Pensa que a sua atitude só se justifica pela ignorância daquilo que realmente está acontecendo. E, se assim é, o homem que ele convidou para a sua mesa não é um profeta!

O narrador passou do relato externo (vv. 36-38) para o monólogo interior do fariseu (o v. 39, que dá a perspectiva interna). Transitou habilmente do plano dos fatos para o plano dos juízos. Juízo do fariseu e juízo do leitor, pois o narrador foi semeando alguns sinais no texto para que a reação do fariseu fosse inquestionavelmente natural. Por exemplo, o modo inesperado como a mulher é moralmente apresentada no v. 37, e que parece até contrariar a delicadeza de Lucas para com os pecadores, faz o leitor participar da perplexidade e do escândalo sentidos pelo fariseu. Bem como a ocultação da falta de cortesia do anfitrião para com Jesus, impede o leitor de fazer, por contraste, uma leitura imediatamente positiva da atitude da mulher.

De certo modo, podemos dizer, a reservada reação do fariseu em Lc 7,39 continua a linha anterior de interrogações colocadas à pessoa e à atividade de Jesus: "Não é ele o filho de José?" (4,22); "Que significa isto? Ordena com autoridade aos espíritos impuros e eles saem!" (4,36); "Quem é este que diz blasfêmias? Não é só Deus que pode perdoar os pecados?" (5,21); "Por que comeis e bebeis com os publicanos e os pecadores?" (5,30); "Por que fazeis o que não é permitido em dia de sábado?" (6,2).

Aqui, porém, a problematização não nasce de um gesto ou de um discurso considerados impertinentes, mas de uma carência que o fariseu julga reconhecer em Jesus. O domínio em que ele o acha carente é o do conhecimento, distanciando-se assim daquilo que em Naim parecia uma ampla evidência partilhada, como sublinhava o evangelista ao dizer que "todos" o aclamaram profeta (7,16). Jesus tinha deixado que uma pecadora o tocasse! Isto é, não salvaguardara a fronteira entre santidade e impureza. Se remontarmos ao episódio da vocação de Simão Pedro, em Lc 5,1-11, constataremos que essa distância não era apenas uma originalidade desse fariseu ou do seu grupo, pois até o futuro discípulo diz a Jesus: "Afasta-te de mim, Senhor, porque sou um homem pecador". Esse parece ser um entendimento disseminado por todas as classes, e inclusive pelos próprios pecadores, como o testemunha o episódio de Zaqueu (Lc 19,1-10), quando se separa da multidão que aguarda a passagem de Jesus, e sobe ao alto de um sicômoro, não apenas por ser de baixa estatura, como primeiro nos adianta o narrador, mas porque, na verdade, se tratava de um pecador.

É difícil acreditar que a totalidade do povo observasse todos esses propósitos, da forma rigorosa como os fariseus os cumpriam. Mas, em determinadas circunstâncias, a consciência dessas normas estruturais, que E. P. Sanders integra no húmus do "judaísmo comum", vem ao de cima. Essas circunstâncias coincidem com momentos-chave da relação com o Templo ou com figuras que semanticamente presentificam o sagrado, como seria, porventura, o caso de um profeta. Tem razão o fariseu em estar atônito. Jesus trazia consigo uma aura, que aquela situação concreta coloca em crise.

A figura da inominada não retém a atenção do fariseu, pois sobre ela tombou já o rótulo de "pecadora" e não é, por isso, passível de transformação. O seu hóspede, sim, emerge como uma personagem em aberto. O anfitrião ouvira acerca dele determinadas coisas e constatava agora outras. Na sua ótica, Jesus é a única personagem suscetível de ser afetada (transformada) pelo desenrolar daquela história. E, como tal, o monólogo do fariseu define uma orientação para o relato: a identidade de Jesus.

Importa ver que o anfitrião poderia ter reações díspares: afastar a intrusa; fingir que nada se tinha passado e começar outro assunto; reclamar contra Jesus pela inoportunidade daquela cena; desculpar-se perante os outros comensais. Isto é, o fariseu ainda podia reorientar, de alguma maneira, a situação, submetendo-a à lógica que ele representa. Ele é quem tutela o espaço, teria toda a legitimidade para fazê-lo. Porém, vamos testemunhar aqui a sua segunda e significativa inibição. A primeira, já o dissemos, foi a omissão dos ritos que sublinhariam o caráter prestigioso do hóspede. O fariseu, taticamente, como depois se verá, não se quis envolver demasiado, para lá do fato de haver convidado Jesus. E agora que, de novo, tinha um motivo para interromper aquela situação, ou conduzi-la num sentido diferente, parece não o querer. Não se pode pensar que o fariseu não percebera o que se passara: a sinopse que ele faz, em curtas palavras, é sintomática de como entende que ali um rastilho se armou contra Jesus. Mas se o rastilho se acendeu, e ele está à vontade pois tudo ocorreu sem a sua intervenção, então ele quer ver como se desembaraça o famoso Jesus daquela incômoda situação.

Dentre as ações possíveis, o fariseu fica-se pelo monólogo interior, uma ação que não envolvendo nenhum dos atores presentes, para lá, é claro, dele mesmo, representa, no entanto, um importante contributo para o exterior. O narrador poderia ter ocultado esse pensamento ao leitor ou manifestá-lo só *a posteriori*, a seguir à parábola (vv. 41-42), por exemplo. Mas este decide colocar o leitor numa posição privilegiada sobre os outros atores, dotando-o de um saber que as restantes personagens não detêm. Ao mesmo tempo que realiza uma caracterização mais incisiva desse fariseu: tinha-nos já sido dito que ele pertencia ao grupo dos fariseus, um grupo que seguia as atividades de Jesus com um crescente sentimento hostil, mas inesperadamente este convidou Jesus para sua casa. O leitor foi aí deixado num certo suspense. Com o v. 39, o narrador quer-nos mostrar que o fariseu conhecia a fama de profeta que Jesus trazia, mas que ele considerava essa atribuição refutável perante os dados que agora possuía. Por isso ele desloca a atenção do agir extravagante da pecadora para o não agir ainda mais extravagante de Jesus.

O início de um diálogo em contramão

O v. 40, que se segue, não é apenas um versículo de transição. As construções verbais aqui presentes são atestadas em outras passagens lucanas (cf. At 1,19; 1,13). O narrador está, portanto, na sua pele. Até por isso é estranha a tese de um *lapsus* para a introdução do nome do fariseu nesse ponto. Pelo contrário, é o fato de Jesus iniciar aqui o diálogo com o fariseu que reclama a colocação do nome próprio. Indiciando com isso, ao mesmo tempo, a estratégia do narrador: esse Jesus, acusado de um conhecimento deficiente, dará todos os sinais de uma plenitude de conhecimento.

Quando responde a Jesus (v. 40), Simão trata-o por mestre. Podia-se pensar que tal título é irrelevante, uma simples e polida forma de tratamento que descreveria Jesus apenas pelo estatuto que socialmente lhe era conferido. Contudo, essa espécie de contaminação de todos os elementos pela dinâmica narrativa, mesmo daqueles que parecem anódinos, obriga-nos a uma outra compreensão. Numa narrativa, recordemos, há gradações de intensidade expressiva entre os referentes semânticos, mas não há elementos isentos. Por isso mesmo, um termo, como esse de "mestre", que faz uma descrição objetiva, trai o desconforto de toda aquela situação.

O que quer que Jesus vá dizer, segue-se a uma não ação que precisa ser justificada. Na verdade, isso poderia não ser tão grave se o fariseu tivesse esperado por qualquer esclarecimento da parte de Jesus, para então formular um juízo. Mas precipitando-se para uma avaliação pessoal, ainda que não verbalizada, o fariseu mostra ter uma autonomia que o distancia de Jesus. Que ele o trate por mestre, tal não quer dizer que esteja disponível para acolher o que ele diga. Notando que esse título (menor) substitui, na boca do fariseu, aquele de profeta (maior), alguns autores são da opinião de que esse modo do fariseu dirigir-se a Jesus como "Mestre" deva potencialmente ser entendido como um insulto, mas isso seria talvez entrar mais pelo julgamento das intenções do que pelo do texto. O título apresenta uma diminuição de significado em relação àquele de profeta, mas mantém, no entanto, uma aparência de correção. Porém, precisamente essa aparência, à qual o fariseu se agarra, será denunciada por Jesus.

A parábola que Jesus conta

A parábola de Lc 7,41-42, integrada no relato dos vv. 36-50, é contada por Jesus a um receptor nomeado, o fariseu chamado Simão. Consiste, como se espera, numa história breve, que desenvolve um insuspeito registro ficcional.

> [41]Dois devedores tinham um credor: um devia-lhe quinhentos denários e o outro cinquenta. [42]Quando não tinham com que pagar, a ambos perdoou. Qual deles, então, o amará mais?

Surgem três personagens, dois devedores e um credor, figuras frequentes nas histórias, parábolas e provérbios propostos pelos mestres judaicos, de modo que a novidade não provém propriamente do tipo de narrativa. A nosso ver, deriva mais do modo como Jesus conta a parábola, daquilo que conta (pois o revestimento da história é comum, mas o seu conteúdo é específico) e da razão por que a coloca no interior dessas precisas circunstâncias.

A sintaxe de Jesus

O modo como Jesus contou a parábola, como dispôs o organismo verbal ao serviço da história, colocando as palavras na frase e as frases no discurso, não é indiferente ao seu sentido. Jesus não tinha apenas uma mensagem, tinha também uma sintaxe. Tomemos, pois, nessa perspectiva, a parábola.

A estratégia sintática seguida pela parábola instaura os devedores como sujeitos da história. O início das frases está-lhes sempre referido. Dos seis verbos utilizados, cinco dizem respeito a eles, e o único verbo em que não é assim, vem, contudo, integrado numa oração consecutiva, o que significa que o realce se mantém. Parece haver da parte de Jesus a intenção de sublinhar essas duas personagens, adotar o seu ponto de vista. É verdade que cada uma das três ações enunciadas (dívida, graça do perdão, reconhecimento) é determinada, direta ou indiretamente, pelo credor (ele empresta o dinheiro, opera o agraciamento e é o objeto do amor), mas a parábola ocupa-se sobretudo dos efeitos que essas produzem nos devedores.

A parábola assenta sobre um paralelismo de semelhança /diferença entre os devedores, sendo que A insinua a semelhança e B a diferença:

A) Dois devedores tinham um credor:

B) Um devia quinhentos denários e o outro cinquenta.

A') Não tendo eles como pagar, a ambos perdoou.

B') Qual deles o amará mais?

Em A temos a afirmação de que dois (devedores) dependem de um só (credor). Há uma espécie de unificação. O verbo está no plural. Por seu lado, B estabelece a primeira distinção, apresentando o valor das dívidas (um... e o outro): o verbo vem no singular. De novo se restaura a unidade em A', aludindo ao que acontece a ambos, com o verbo no plural. E por fim, em B', repete-se o motivo da diferença: usa-se, por exemplo, um comparativo de superioridade e o verbo no singular.

O credor surge como o referencial de semelhança entre os devedores: ele é o credor de ambos e a ambos ele concede a graça. Para lá das semelhanças que detêm (os dois são devedores; os dois não têm como pagar a sua dívida), os devedores, por si mesmos, é que inscrevem a diferença. Podemos, assim, entrever uma lógica que preside à disposição sintática da parábola: situações de partida semelhantes geram uma tipologia de similitude; pontos de partida distintos conduzem a uma tipologia de diferenciação.

A semântica de Jesus

A sugestão do campo semântico da parábola começa, desde logo, na indicação dos intervenientes, descritos a partir de um aspecto da sua condição de vida, a realidade econômica: dois são devedores e um é credor. As personagens definem-se, portanto, pela relação, e não em termos absolutos. Há uma ligação fundadora que serve de investidura: aquela que cada devedor mantém com o credor (quer Y quer Z são devedores, porque têm um débito para com X; e X é um credor, porque emprestou a Y e emprestou a Z).

A relação triangular não é propriamente inédita nas parábolas de Jesus. Em Lc 15,11-32 temos o relato do pai com os dois filhos e, em 18,9-14, dois homens, um fariseu e outro publicano, que se confrontam com Deus. Os esquemas triangulares regulam semelhanças e discrepâncias, e o impulso narrativo nasce do conflito entre umas e outras. A transformação que o relato opera (no nosso caso, mediante o insólito ato de graça do credor), emerge sob a forma de uma inversão: aquele que aparentemente era o mais distante torna-se o mais próximo, e aquele mais próximo o mais distante.

Outro elemento pleno de sugestões semânticas é o lexical. Nos vv. 41-42 deparamo-nos com uma estratégia que combina um vocabulário específico do universo financeiro com alguns termos mais inesperados, conseguindo para o texto uma sedutora polissemia. Apontam o universo próprio das dívidas os lexemas devedor e credor: o primeiro surge também na parábola de Lc 16,5 e o segundo é um hápax lucano, mas registrado na LXX ("credor e devedor se encontram" – Pv 29,13) já com esse sentido de alguém que empresta dinheiro. A referência aos denários está registrada em mais dois passos, Lc 10,35 e 20,24. O verbo dever mantém o sentido de dívida financeira em Lc 16,5.7 e pagar refere igualmente a entrega de dinheiro na parábola do bom samaritano (Lc 10,35).

Há, no entanto, dois itens verbais que provêm doutros territórios: perdoar, fazer graça e amar. Nos Atos dos Apóstolos, o primeiro surge em contexto jurídico, ligado ao desfecho dos julgamentos (At 3,14; 25,11.16; 27,24) e, no texto do Evangelho, ocorre mais uma vez, também no capítulo 7, para aludir à atividade messiânica de Jesus ("e a muitos cegos fez a graça de ver" – 7,21). Por seu lado, o verbo amar conhece uma aplicação abrangente de cariz ético-religioso (Lc 6,27.32.35; 10,27).

Talvez esse recurso a um léxico com matizes diversas provenha das características da língua aramaica, na qual a parábola foi contada. Não há ali um termo exclusivo para perdão ou para reconhecimento: por isso, o perdão é também descrito com um termo mais próximo da concessão de uma graça e o amor serve para expressar o reconhecimento. Mas não só. O aramaico não delimita estritamente a um vocábulo a significação do conceito de pecado, de modo que essa noção exprime-se, com frequência, por dívida. Inclusive no Evangelho de Lucas (Lc 13,2.4), utiliza-se indiscriminadamente pecadores e devedores para designar os pecadores. E, na oração do Pai-Nosso (Lc 11,4), há também um nexo entre pecados e dívidas ("e perdoa-nos os nossos pecados, pois também nós perdoamos a todo o que nos deve").

O léxico da nossa parábola, estando certeiramente referido ao mundo dos devedores e credores, possibilita, contudo, nexos semânticos mais vastos com o campo do pecado/perdão/reconhecimento. Aparentemente era apenas um discurso sobre os efeitos da absolvição de uma dívida e, pouco a pouco, percebemos que a própria parábola está programada para ser mais. A natureza insólita dos elementos obriga a que se considere esse perdão não como um fato jurídico habitual, mas como um evento extraordinário. Contando-se dessa maneira, a parábola dá a compreender outra coisa.

Comparação da parábola de Lc 7,41-42 com Mt 18,23-35

[41]Dois devedores tinham um credor: um devia-lhe quinhentos denários e o outro cinquenta. [42]Quando não tinham com que pagar, a ambos perdoou. Qual deles, então, o amará mais? (Lc 7,41-42).

[23]Por isso, o Reino do Céu é comparável a um rei que quis ajustar contas com os seus servos. [24]Logo ao princípio, trouxeram-lhe um que lhe devia dez mil talentos. [25]Não tendo com que pagar, o senhor ordenou que fosse vendido com a mulher, os filhos e todos os seus bens, a fim de pagar a dívida. [26]O servo lançou-se, então, aos seus pés, dizendo: "Concede-me um prazo e tudo te pagarei". [27]Levado pela compaixão, o senhor daquele servo mandou-o em liberdade e perdoou-lhe a dívida. [28]Ao sair, o servo encontrou um dos seus companheiros que lhe devia cem denários. Segurando-o, apertou-lhe o pescoço e sufocava-o, dizendo: "Paga o que me deves!" [29]O seu companheiro caiu a seus pés, suplicando: "Concede-me um prazo que eu te pagarei". [30]Mas ele não concordou e mandou-o prender, até que pagasse tudo quanto lhe devia. [31]Ao verem o que tinha acontecido, os outros companheiros, contristados, foram contá-lo ao seu senhor. [32]O senhor mandou-o, então, chamar e disse-lhe: "Servo mau, perdoei-te tudo o que me devias, porque assim mo suplicaste; [33]não devias também ter piedade do teu companheiro, como eu tive de ti?" [34]E o senhor, indignado, entregou-o aos verdugos até que pagasse tudo o que devia. [35]Assim procederá convosco meu Pai celeste, se cada um de vós não perdoar ao seu irmão do íntimo do coração (Mt 18,23-35).

Ambas são parábolas únicas, sem paralelos sinóticos. Contudo, no texto lucano de 7,41-42, podem encontrar-se elementos importantes de contato com o relato de Mateus. A primeira interseção é de linguagem. A parábola do rei bom e do servo impiedoso emprega um léxico também retirado do âmbito econômico. Podemos enumerar uma série de vocábulos comuns: o verbo ligado aos devedores (Mt 18,28; Lc 7,41); o verbo que refere o ato de saldar um empréstimo (Mt 18,25; Lc 7,42); o termo denários (Mt 18,28; Lc 7,41) para quantificar monetariamente a dívida. Mas, provavelmente, o contato linguístico mais flagrante é toda uma frase que aparece repetida (em Mateus no singular e em Lucas no plural): "não tendo (ele) como pagar" (Mt 18,25); "não tendo (eles) como pagar" (Lc 7,42).

Para lá do reportório verbal, há também confluência no que respeita à história. Os dois trechos são constituídos por um relato principal com uma parábola interna. O tema que atravessa ambos os níveis do discurso é o do perdão. Nas duas parábolas abordam-se situações de endividamento financeiro que obtêm uma anistia (no exemplo mateano, o servo alcança primeiramente um perdão para a sua dívida de dez mil talentos, embora depois veja, é verdade, esse perdão cancelado, por não ter perdoado, a um devedor, cem denários). É um perdão que surge por iniciativa do credor, e que no plano da lógica econômica estrita se reconhece muito inesperado. De fato, os servos não pedem um cancelamento da dívida: em Mateus, o servo roga mais um tempo, mas o rei tomado de compaixão dissolve-lhe toda a dívida; em Lucas, imagina-se dificilmente que um credor diante de dois devedores insolventes lhes conceda tal perdão, mas é isso que acontece. Os relatos principais, onde essas parábolas se inscrevem, não se demoram em questões de verossimilhança: preferem explorar os nexos que se podem desenvolver entre esse singular perdão de uma dívida monetária e o perdão. Um perdão para ser lido mais numa acepção religiosa que propriamente moral.

A estrutura dos relatos principais e das parábolas neles contidas é ternária: em Mateus – Pedro / Jesus / "o irmão" e rei / servo / devedor do servo; em Lucas – fariseu / Jesus / pecadora e credor / devedor 1 / devedor 2. Se a configuração geral apresenta-se triangular, a ação propriamente dita é dual (Pedro / Jesus; Pedro / irmão; rei / servo; servo / devedor; fariseu / Jesus; mulher / Jesus; credor / devedor 1; credor / devedor 2).

É claro que os dois textos evangélicos acentuam, dentro da temática comum, aspectos muito diferentes. A perícope de Mateus está inserida no discurso do capítulo 18, um discurso que responde a uma iniciativa dos discípulos e que possui um acentuado caráter eclesial. Os vv. 21-35 consubstanciam uma reflexão sobre o perdão entre irmãos, como consequência daquele perdão recebido de Deus. O perdão que os discípulos oferecem uns aos outros tem esse fundamento teológico evidente (dimensão vertical), mas é sobretudo a dimensão horizontal do perdão que é relevada. O que resulta esboçado, nessa história de Jesus, é um outro tipo de relação.

	Mt 18	Lc 7
Descrição da dívida	v. 24: ... um que devia dez mil talentos...	v. 41: ... um devia quinhentos denários, e o outro cinquenta...
Situação do devedor	v. 25: ... não tendo (ele) como pagar...	v. 42: ... não tendo (eles) como pagar...
Pedido de compaixão	v. 26: ... então aquele servo, prostrou-se, diante dele dizendo: compadece-te de mim, e tudo te pagarei...	
Compaixão do senhor	v. 27: ... o senhor daquele servo, movido de compaixão, soltou-o e perdoou-lhe a dívida...	
Perdão da dívida	v. 32: ... perdoei-te toda aquela dívida...	v. 42: ... a ambos perdoou...
Consequência do perdão	v. 33: ... não devias tu também ter compaixão do teu companheiro, como eu tive compaixão de ti?	v. 42: ... qual deles, então, mais o amará?

A perícope lucana, por seu lado, centra-se sobretudo na dimensão vertical do perdão, aquele que Deus concede ao homem pecador. É verdade que temos a encenação da distância entre um fariseu e uma pecadora, mas as perguntas que do texto emergem têm um endereço inequívoco: Jesus. Se quisermos, esse texto, em vez do cunho eclesiológico do primeiro Evangelho, é todo construído em chave cristológica. Como explica Jacques Dupont, "o evangelista quer, antes de tudo, colocar o seu leitor diante do mistério da pessoa de Jesus". Contudo, entre os esquemas dos dois textos estabelecem-se manifestas coincidências.

No confronto com Mateus, percebemos ainda melhor a concisão espantosa da parábola lucana. Há dois passos (o pedido do servo, e a compaixão) que não figuram, e são passos de alguma maneira essenciais, aqueles que em Mateus traçam o contexto do perdão: o perdão acontece porque, quando a dívida estava para ser executada, o servo se prostra por terra suplicante (1), e, nesse momento, o rei se compadece (2). É verdade que, também em Mateus, o momento fundamental é remetido para o compadecido afeto que o rei experimenta, e que vai muito além daquilo que o servo lhe pede. Mas o despoletador narrativo da ação é explicitado.

Em Lucas, porém, parece passar-se diretamente da situação de indigência dos devedores ao perdão do credor, sem que exista um encontro, um diálogo que permita detectar a causa do perdão. Estamos perante uma elipse, pois a lacuna não vem declarada no texto da parábola, apenas se pode inferir na totalidade narrativa. Essa elipse é recuperada pelo jogo do relato.

Em termos da organização narrativa, há diferenças importantes entre os dois textos. Na perícope mateana a moldura narrativa que envolve a parábola é mínima: uma troca de palavras entre Pedro e Jesus serve de introdução... A sentença final traz a conclusão. A parábola, sim, tem uma amplidão e uma riqueza de pormenores que maravilha os estudiosos. O Padre Lagrange chamava-lhe "esta bela parábola", tocado pela forma sensível como ela se exprime. Kilgallen alude ao ambiente "tão excelentemente criado pela história de Jesus". O sentido da parábola de Mateus não depende do seu contexto narrativo, ela tem um ensinamento direto: a obrigação de perdoar para ser perdoado, não no comércio da vida, mas por parte de Deus.

A parábola de Lucas, pelo contrário, é muito econômica, como se fosse apenas um esboço. Mas o relato que a envolve como que supre essa pobreza, com uma abundância inabitual de pormenores, num percurso que o narrador conduz com mestria, mostrando atos e pensamentos, relatando palavras e silêncios, com uma força plástica e uma intensidade de sentimentos admiráveis. Ambos, relato principal e parábola, existem em interação. Muitas vezes a moldura narrativa que circunda a parábola tem um caráter secundário e artificial. Aqui, inversamente, ela inscreve-se de modo articulado na mecânica do próprio relato, servindo à estratégia da argumentação de Jesus. A parábola lança luz sobre o relato e o relato é a melhor chave de leitura da parábola. Cremos, por isso, que a unidade da perícope ilumina os silêncios que a parábola propositadamente contém.

O impertinente efeito da parábola

Um dado que talvez tivesse começado de forma sutil no v. 40, com a denominação de Simão por parte de Jesus e com o modo despojado como este começa o diálogo ("tenho uma coisa a dizer-te"), torna-se bem patente nesses vv. 41-42: a linguagem de Jesus subtrai-se a uma tipologia religiosa explícita. Quer o narrador, quer o fariseu, usam-na abertamente para caracterizar e julgar a ação das personagens (basta pensar na categoria de "pecador" e de "profeta"), mas Jesus adota um registro diferente. Ele transporta a conversa para um nível pessoal: olha cada um enquanto indivíduo (o fariseu tem um nome, a pecadora torna-se, depois, "esta mulher") e, na parábola, recorre a um outro domínio, o socioeconômico, concluindo com uma interrogação sobre um tema claramente ficcional, o amor dos devedores. É evidente que o único objetivo de Jesus não é a mudança de plano: há uma estratégia teológica por detrás dos temas que ele escolhe abordar. Mudar de plano significa também ter a liberdade de recorrer a novos paradigmas. Parece-nos, assim, de toda pertinência aquilo que escreve Elliot: essa parábola também é uma proposta de Jesus para que o sistema religioso da pureza legal dê lugar a um paradigma que melhor expresse a relação de Deus com o povo (e teríamos aqui a proposta de perdão/amor).

Os vv. 40-42 assemelham-se, verdadeiramente, a uma entrada num outro plano da realidade, distante das candentes questões religiosas que bloqueavam a cena inicial. Esse distanciamento, obviamente premeditado por Jesus, conduz o auditor interno (Simão) e o externo (o leitor) a uma deslocação: olhar outra coisa, para depois olhar de modo novo o que se havia olhado.

A intriga que Jesus introduz está reduzida ao essencial, seguindo o mais simples dos esquemas narrativos: carência – resolução da carência. Uma única modalidade de ação define os dois devedores, dever e não ter com que pagar; tal como uma única ação descreve a obra de transformação realizada pelo credor. A ausência de elementos de especificação do *status* dessas personagens, bem como o silêncio quanto aos motivos da dívida concentram a atenção no único confronto possível: a desproporção. Primeiro a desproporção da dívida, e depois, sobretudo, a desproporção no reconhecimento devido pelo perdão. É a partir desta que Jesus, significativamente, formulará a pergunta que instaura a comparação (síncrise): "qual deles, então, o amará mais?". O realce não cai sobre a dispensa da dívida ou sobre o laço que une remissão de débito e amor, mas sobre a proporção. Não deixa de ser significativo que "mais", o referente morfológico de desproporção, seja o único termo repetido na pergunta e na resposta.

Como escreve Vittorio Fusco, "aquilo que Jesus pergunta ao interlocutor não é se humanamente é mais ou menos plausível que uma tal remissão se verifique; mas sim, uma vez verificada, se é justo ou não um certo tipo de resposta". Simão aceita esse jogo, não questionando a pertinência daquela trama e dispondo-se a responder à interrogação de Jesus.

A resposta que o fariseu avança (v. 43), com uma formulação algo cautelosa, parece colher positivamente tanto a pragmática da parábola como as expectativas de Jesus, pois este saúda-o com um "julgaste bem". Mas imaginemos que a resposta do fariseu pendia para o outro lado, dizendo qualquer coisa do gênero: "aquele a quem foi perdoada a quantia menor é quem veio a revelar, por um qualquer ulterior motivo, um amor maior". Jesus podia igualmente cumprimentá-lo e perguntar-lhe: "então por que não fizeste tu o mesmo?". Isso para dizer que a brecha que Jesus abre na situação foi conseguir que o seu anfitrião aceitasse a trama da parábola e a arguta pergunta que fazia valer o trunfo da desproporção. Aceites esses elementos, o juízo que fornece o fariseu já não é decisivo, pois num caso ou noutro Jesus conseguiria fazer prevalecer a sua argumentação.

A habilidade do contador da parábola está, contudo, em fazer julgar ao interlocutor que tudo depende da resposta que ele der, quando, na verdade, tudo depende da história narrada. Perante o "golpe" que isso representa, há que reconhecer, o fariseu não tinha saída. O cumprimento, com que Jesus premia Simão, estiola a neutralidade das aparências que ele buscara, pois fará do seu arbítrio a oportunidade para aquilo que Jesus diz em seguida. O que se sabe é que já nada será como dantes. Talvez comece a ser o momento de nos perguntarmos, "aonde quer chegar Jesus". O leitor é deixado, mais uma vez, como o fariseu, na ambiguidade da cena, não sendo guiado por indícios do narrador. Terá também ele de esperar o esclarecimento de Jesus.

O modo como a parábola modifica o relato

O *primeiro quadro* está programado para parecer uma apresentação objetiva e factual da realidade. E tão convincente que nós, leitores, esquecemo-nos de que o modo de contar condiciona sempre de algum modo a informação e representa uma tomada de posição em relação a ela. Foi ali mostrado, sem aferir qualquer comentário, a concisão de atos do fariseu e a prolixidade da mulher. Porém, alguns elementos discursivos tinham sido amputados.

O *segundo quadro*, de alguma maneira, prolonga e desmonta o que anteriormente ficou escondido. Inicia-se com a perspectivação operada por Simão e, depois, a tarefa hermenêutica é entregue a Jesus. Ele cria, com a parábola, uma alavanca retórica que recuperará aquilo que estava submerso na reduzida descrição inicial, introduzindo um discurso cujo funcionamento especular ele próprio regerá.

Mas é imprescindível compreender o funcionamento da parábola, pois ela não é exatamente coincidente com o nível narrativo principal. Parece-nos mesmo que um dos erros que dominou as abordagens da perícope foi não atender à especificidade da natureza da parábola e dos seus efeitos, debatendo-se com a irresolúvel dificuldade que o relato principal mostra em absorvê-la completamente. Ora, o desajuste entre parábola e relato, que verdadeiros rios de tinta têm feito correr, tornando o passo evangélico motivo das mais contraditórias hipóteses de leitura, é previsto, querido e mantido pela própria narração. Não se pretende diluir a parábola no contexto, mas deixar sim que precisamente a sua diferença o ilumine.

As parábolas de Jesus distinguem-se das que os rabinos contavam, porque não eram apenas a argumentação de uma sabedoria, ou a procura judicativa de uma didática moral. A sabedoria paradoxal que contêm é uma provocação que profeticamente anuncia o Reino. Escreve Charles Perrot: "A parábola, sempre aberta à renovação do sentido polissêmico que a habita, evoca incessantemente um Reino que não chega nunca a ser dito, senão no insondável do próprio Senhor". É-lhe inerente, portanto, uma descontinuidade temporal e qualitativa em relação ao segmento episódico onde ela emerge. E essa descontinuidade é o toque de Jesus.

A parábola é uma narrativa preditiva, isto é, ela aparece no *corpus* literário a um nível segundo, e mantém a sua autonomia em relação à instância principal. Ilumina o presente, mas de um modo oblíquo. Passa pela história, mas sem fixar completamente o seu trânsito. O que não quer dizer que desempenhe uma função menos determinante ou incisiva no momento presente. Pelo contrário. O fato de constituir a deslocação de um campo semântico e temporal distinto é que produz um olhar novo sobre o aqui e o agora, sobrepondo, com um realismo quase visual, à bloqueada realidade histórica, a criatividade salvadora de Jesus.

Por isso, não consideramos adequada a expressão "aplicação da parábola", que tantos comentários utilizam para descrever o que faz Jesus nos vv. 44-47. A essa preferimos a de explanação. E olhamos com alguma reserva o entusiasmo de Vittorio Fusco quando diz que Lc 7,36-50 é "o caso mais evidente, que poderia mesmo ser tomado como paradigmático, para pôr a claro a função dialógico-argumentativa das parábolas de Jesus". Aí ainda espreita o risco de pretender que a parábola se dissolva harmonicamente no contexto. O ponto de equilíbrio está em considerar que a parábola cumpre essa função retórico-argumentativa, mas não se esgota nela. Nesse sentido é que a explanação da parábola, por quanto sugere a expansão de um significado, se revela mais apropriada.

Concluindo: há que aceitar como legítima e pertinente a descontinuidade temporal entre a parábola e as duas partes do relato que ela entremeia. Qualquer que tenha sido a genética textual do episódio, importa-nos, do ponto de vista da análise narrativa, tomá-lo como uma unidade, mas uma unidade orgânica. Recordemos o que escreve Christian Metz:

> A narrativa é uma sequência duas vezes temporal: há o tempo da coisa-contada e o tempo da narrativa. Não só é esta dualidade aquilo que torna possíveis todas as distorções temporais de que é comum dar-se conta nas narrativas; mais fundamentalmente, convida-nos a constatar que uma das funções da narrativa é transmutar um tempo num outro tempo.

Muitos ficaram bloqueados perante o esquema contraditório que constrói o nosso texto:

1) Acolhimento suplicante (os gestos da pecadora para com Jesus).

2) Agradecimento pelo dom concedido (a parábola).

3) Concessão do dom (o diálogo final de Jesus com a inominada).

É evidente que as etapas 2 e 3 invertem a ordem previsível dos fatos. Ora, a reação frequente nas interpretações tradicionais desse passo, e que a leitura narrativa denuncia, era, precisamente, a de forçar a perícope a uma lógica unitária de causalidade. O fenômeno da descontinuidade temporal reclama, no entanto, que a nossa atenção incida sobre duas realidades conexas: *a*) A natureza da parábola: esta não é uma mera instância lógico-argumentativa de aplicação instantânea à realidade. A parábola tem com a história uma relação oblíqua, indireta e singular. Recategoriza a verdade do relato, mas sem sair da sua condição metafórica. Assim, não está obrigada ao puro movimento consecutivo; *b*) O estatuto do contador da parábola: Jesus surge como o operador competente que nos faz perceber o impacto da parábola no plano das significações. A sua autoridade é decisiva para a construção do relato. Se no nível interno à história se questionava a escassez do seu conhecimento, a conexão que ele estabelece entre a parábola e os acontecimentos da intriga revela-o com um saber e um poder superiores. Ele não só decompõe e recompõe a situação retrospectiva, como aponta o limiar futuro. O modo "como conta" sugere a sua identidade.

Um paralelo assimétrico

O v. 44 indica que Jesus se volta para a mulher e começa a falar ao fariseu. Essa será, de fato, mais que uma viragem, uma reviravolta que inverterá o entendimento de toda a narrativa. Passa-se do relato de caráter ficcional abstrato (vv. 41-42) para a situação histórica e concreta (vv. 44-47). A parábola, por assim dizer, não se limita à parábola. Ela ressoa na argumentação sucessiva, a do confronto com a realidade onde Jesus intrometeu a sua história. Repropõe, de forma transfigurada, o que havia sido vivido. Explica o momento anterior e antecipa o que se segue, num elã progressivo, lentamente revelador, impregnando o texto de uma contundente tensão transformadora.

"Vês esta mulher?", pergunta Jesus. É claro que Simão via tudo o que se passava, era mesmo um espectador nada indiferente. Mas é a um ver novo esse a que Jesus o desafia (a ele e ao leitor) e por um caminho desconcertantemente inusitado. Não são acontecimentos inéditos que Jesus propõe à observação do seu interlocutor. Trata-se, no fundo, de um movimento que recupera os fatos anteriores à parábola, mas enquadrando-os num novo ponto de vista que a parábola permitiu, o do próprio Jesus.

Jesus apresenta o seu discurso sob a forma de uma comparação, mas, não nos iludamos, uma comparação entre matérias de natureza muito diversa. Essa é uma sutileza do texto cujo desentendimento pode levar a tomar a perícope como enigmática, paradoxal ou irresolúvel. E, contudo, ela tem uma transparência flagrante.

Jesus entrou em casa do fariseu. Simão usa de certa cordialidade para com Jesus (convida-o para sua casa, dá-lhe a palavra, chama-o de mestre), mas o próprio texto mostra-nos que isso não passa de correção, polida postura, delicada arte de manter as distâncias como, por vezes, a cortesia é. Em auxílio do fariseu, podíamos recordar que os códigos de hospitalidade variam, e não há uma fórmula estereotipada para a recepção de um hóspede, se o próprio texto não se encarregasse de nos informar que os seus verdadeiros sentimentos, os não verbalizados, eram de perplexidade e defesa. O problema agrava-se, dramaticamente, com a comparação.

Não Ações de Simão	Ações da Mulher
v. 44: entrei em tua casa, água sobre os pés **não** me **ofereceste**	ela, **porém,** com as lágrimas banhou-me os pés e com os seus cabelos mos enxugou
v. 45: um beijo **não** me **deste**	ela, **porém,** desde que eu entrei não cessou de me estar beijando os pés
v. 46: com óleo a minha cabeça **não ungiste**	ela, **porém,** com perfume ungiu os meus pés

O confronto com a atitude da mulher, rica de expressões extraordinárias, faz perceber quanto o fariseu esteve ausente. Mas ausente de quê? Os gestos da inominada não têm por função suprir a escassez de expressões de hospitalidade do anfitrião, simplesmente porque sendo elementos aproximáveis do ponto de vista simbólico (o plano manipulado por Jesus), não o são quanto à essência. Só uma hiperbolização, justificável no plano do símbolo, mas inverossímil no plano da realidade, permitiria classificar lágrimas como substituto da água, por exemplo. Os gestos da mulher são, em si mesmos, outra coisa. Constituem-se como referentes de uma hospitalidade que não se confunde com o acolhimento comum que um anfitrião deve a um hóspede. Estamos, inequivocamente, perante uma sobreposição semântica.

Embora, ardilosamente diga-se, na argumentação de Jesus os gestos inexistentes do fariseu sejam o primeiro termo do binômio comparativo, a globalidade do relato faz-nos perceber que se trata do seu inverso: são as lágrimas da mulher que fazem Jesus pensar na água do fariseu; são os beijos dela que levam Jesus a declarar que não foi osculado por Simão; é o perfume que ela derramou sobre os pés que torna criticável a ausência do óleo para a cabeça. A qualidade impressionante daquilo que ela dá, é que permite ver, em toda a crueza, que Simão não deu nada.

O máximo que a mulher ofereceu serve, assim, a Jesus, como dispositivo de revelação daquele mínimo a que o fariseu se recusa. Simão nem sequer água, nem sequer um ósculo, nem sequer o óleo deu ao seu hóspede. Mas ainda que ele se tivesse lembrado da água, do ósculo ou do óleo como componentes da sua estratégia de recepção, a validade desses elementos estaria no fato de eles poderem ser ou não imagem daquele outro rito, daquele outro acolhimento de contornos tão pessoais, tão indizivelmente únicos que a mulher cumpre para com Jesus. É essa inédita hospitalidade que Jesus quer destacar.

Um rito de hospitalidade puramente social é um reconhecimento afetivo e simbólico que se expressa em signos de gentileza, que visam ao bem-estar do hóspede (no ritual que Jesus refere, seria a água para os pés), mas também o distinguem com a estima e a honra prestadas pelo anfitrião (o beijo e o perfume). O fato de várias partes do corpo serem mencionadas afiança como a hospitalidade funciona numa dinâmica de expansão. A inusitada hospitalidade da mulher, porém, expressa-se por um movimento exclusivo de concentração: tudo o que ela faz é em relação aos pés de Jesus. Pode, talvez, estabelecer-se aqui uma ligação com o texto parabólico de Mt 18,23-35, pois aí a súplica do servo expressa-se plasticamente da mesma forma: ele lança-se aos pés do rei, como a mulher se lança aos pés de Jesus.

O lançar-se aos pés é um ato declaradamente assimétrico. Não se trata apenas de uma consueta forma de hospitalidade. É sintomático que Jesus distinga claramente, no seu discurso ao anfitrião, que para os pés esperava água, mas que o ósculo ou o óleo se destinariam à sua fronte. A opção da mulher vai, contudo, noutra direção. Os gestos da mulher não cabem na taxinomia ritualista de uma práxis social: enfermam de um envolvimento e de uma exposição emocional particulares. Aproximam-se, assim, dessas atitudes que são mais bem compreendidas se as pensarmos como simbólicas.

A atuação da mulher inscreve uma dissimetria na situação. Enquanto o convite do fariseu a Jesus estabelece um paralelo entre as personagens (é plausível que ele e Jesus se tenham reclinado, lado a lado, em volta da mesma mesa), essa mulher pecadora coloca-se atrás de Jesus e junto aos seus pés. Não se sabe exatamente o que ela diz, pois a sua expressão não é verbal, mas o modo como, por sua iniciativa, se comporta, é de uma humildade inequívoca.

Verificávamos, na parábola de Mt 18,21-35, que entre a situação do servo devedor e o perdão da sua dívida havia uma transição narrativa constituída pelo pedido do devedor (1) e pela compaixão do rei (2). Essa transição está ausente da nossa parábola, mas o jogo entre parábola e contexto torna-se decisivo nesse caso lucano, suprindo as lacunas provocadas pela velocidade da parábola. Ora o tempo dos pedidos em Lc 7,36-50 é o do *primeiro quadro* (vv. 36-38), que os vv. 44-46 revisitam, num lance analéptico. Simão pede a Jesus que coma com ele e, sobretudo, a mulher faz o rogo das lágrimas (como diz Roland Barthes, "chorando, eu procuro um interlocutor enfático que recolha a mais 'verdadeira' das mensagens, aquela do meu corpo, não a da minha língua").

O discurso de Jesus

O discurso de Jesus, em 44-47, tem uma estrutura muito bem articulada, entre introdução, jogo de paralelismos antitéticos no corpo do discurso e conclusão. Como se pode verificar na distribuição do texto da tabela, a seguir.

Os três paralelismos dos vv. 44b-46 constituem um recurso retórico de grande impacto: o nó estrutural é constituído pela construção adversativa, em tríplice repetição; o primeiro sujeito é sempre dado de modo implícito, como se também assim se assinalasse a ausência como característica do fariseu; enquanto o sujeito-mulher é sempre nomeado.

A posição reflexiva de cada termo de comparação, iniciado pela negativa da ação de um sujeito implícito (tu) e sucessivamente contraposto à ação positiva de um sujeito nomeado (ela), resulta num reforço da posição da mulher. Isso é confirmado pela própria construção frásica. Se aceitarmos que a primeira palavra de uma frase está em situação enfática, vemos então que A, B e C apontam para o complemento direto; e que A', B' e C' dão relevo ao sujeito que realizou a ação: a inominada.

Introdução	(*v. 44*) e, voltando-se para a mulher, disse a Simão: "Vês esta mulher?" Entrei em tua casa	
Corpo do discurso: tríplice jogo de paralelismos antitéticos	**(A)** água sobre os pés não me ofereceste	**(A')** ela, porém, com as lágrimas banhou-me os pés e com os seus cabelos mos enxugou
	(B) (*v. 45*) um beijo não me deste	**(B')** ela, porém, desde que eu entrei não cessou de me estar beijando os pés
	(C) (*v. 46*) com óleo a minha cabeça não ungiste	**(C')** ela, porém, com perfume ungiu os meus pés
Conclusão	(*v. 47*) Por isso te digo: são perdoados os pecados dela, os muitos, porque amou muito; mas aquele a quem pouco é perdoado, pouco ama.	

Excetuando o terceiro paralelo, em que os dois termos de comparação praticamente se equivalem na quantidade verbal com que a ação é descrita, em C diz-se "ungir a cabeça com óleo" e, em C', "ungir os pés com perfume", os dois anteriores apresentam no segundo termo mais que o dobro de palavras do primeiro. Mas é sobretudo na qualidade de ação, de estança para estança, que a oposição mais sobressai. Ao contrário de A, A' não refere o simples ato de lavar, mas faz descer, em evidente hipérbole, uma chuva de lágrimas sobre os pés do hóspede. Outra expressão hiperbólica é a de B', pois não se limita a contar o comum beijo de cortesia (2Sm 15,5), mas uma série incontável de beijos, da qual se assinala apenas o começo (ela beijava repetidamente). Ao óleo de C corresponde o perfume de C', talvez um elemento mais refinado ou com uma densidade penitencial; e qualquer que seja a definitiva acepção semântica do "ungir a cabeça" e do "ungir os pés", este último corresponderá sempre a uma maior humildade daquele que unge (nem que seja pela dramaticidade plástica da colocação de um corpo que aceita a subalternidade diante de outro).

Pode-se, portanto, concluir que o discurso de Jesus empresta um nítido realce às ações da mulher. A omissão do fariseu enquanto sujeito e as omissões do seu agir servem a Jesus para afirmar que a mulher "fez mais". A finalidade da comparação é destacar aquilo que a inominada fez em favor de Jesus.

Não só o corpo do discurso, com os paralelismos antitéticos, mas também a introdução (v. 44) e a conclusão (v. 47) contribuem para que a atenção se centre sobre a personagem feminina. No v. 44, no único movimento de Jesus que o narrador anota, desde que se reclinou àquela mesa, ele volta-se explicitamente para a mulher e convida o fariseu a olhá-la. E no v. 47, para rematar a intervenção começada no v. 40, é sobre ela que Jesus faz o decisivo pronunciamento: "por isso te digo: são perdoados os pecados dela, os muitos, porque amou muito".

O horizonte cristológico do "porque amou muito"

A conjunção "porque" do v. 47, representa um imbróglio não pequeno que, há séculos, divide quantos se propõem afrontar, exegeticamente, o episódio de Lc 7,36-50. Ela foi vista como uma espécie de nó górdio da perícope, pois articularia a parábola contada por Jesus com o plano dos acontecimentos principais, revelando-se assim decisiva para a inteligência do texto. Se dermos ao "porque" o sentido causal que lhe é mais comum, gera-se aparentemente uma contradição de sentido entre a parábola que fala do amor como consequência do perdão e este v. 47 que alude ao amor da pecadora como causa do perdão. Para complicar mais a situação, "porque" constituiu praticamente, até começos do século XX, um campo de batalha teológico entre um alinhamento católico, que pretendia exaurir da perícope uma prova da eficácia da contrição perfeita para a absolvição dos pecados, e o alinhamento protestante, que negava valor ontológico à preposição, preferindo ver nela uma razão lógica, pois só a fé, do v. 50, podia ser entendida como verdadeira causa do perdão.

Tentando contornar essa dificuldade, alguns comentadores partiram simplesmente para outras soluções, considerando esse "porque" como explicativo, com um significado paralelo ao de "pelo qual" ou dando-lhe uma conotação consecutiva. O problema dessas tentativas é que, buscando fugir a uma dificuldade hermenêutica, introduzem ulteriores dificuldades textuais. Ora, afigura-se-nos muito difícil não entender a conjunção "porque" do v. 47, com um sentido causal, mais justificado gramaticalmente e mais coerente quanto à sintaxe. Aceitando isso, resta-nos, porém, interpretar que tipo de causalidade estará aqui presente. As alternativas podem, resumidamente, situar-se em dois polos: ou ler "porque" no sentido causal forte que lhe é mais comum (e nesse caso ainda se consideraria o amor como causa "real" do perdão) ou tomar um sentido causal mais mitigado (e então o amor seria apenas a causa cognoscitiva do perdão). Teoricamente ambos os sentidos são possíveis, segundo a gramática, pois se a acepção causal forte é a mais recorrente, a mais débil compagina-se bem com o grego helenístico, onde a relação de subordinação traduzida pelo "porque" era, com frequência, algo rarefeita e este podia ser traduzido por "de fato" ou "efetivamente". O problema é que das 157 ocorrências do "porque" em Lucas, nenhuma outra, além de 7,47, poderia ser interpretada como um causal cognoscitivo; e nada nos indica (se nos abstrairmos da pressão da parábola dos vv. 41-43) que poderemos realmente estar diante de um hápax lucano. Por todo o Novo Testamento debatemo-nos com idêntico obstáculo de escassez, pois apenas se registrariam dois exemplos, ambos nos escritos joaninos (Jo 9,16 e 1Jo 3,14).

A complexidade desse "porque" deriva em grande medida, como vimos, do papel que representa na coerência interna da perícope, de modo particular na articulação do conjunto com a lógica reivindicada pela parábola. Uma dificuldade secular, como o demonstra o Códice Bezae, que omite mais de metade do versículo! Mas, se a complexidade é de teor narrativo, a resposta não se pode quedar pela exploração gramatical.

Atendo-nos ao texto, verificamos que o próprio Jesus, efetuando essa articulação, não pretendeu uma aplicação pura e simples da parábola. Mas entre o v. 42 e o v. 47 ele realiza, como se poderá ver na tabela, um intercâmbio de posições entre o perdão e o amor.

Na parábola (v. 42), o ato de absolvição das dívidas como que fica atenuado pelo impacto retórico da pergunta sobre quem mais terá amado. Percebe-se claramente que Jesus não pretende centrar a atenção no gesto do credor, mas na retribuição dos devedores. No v. 47, o movimento é contrário. É verdade que o sentido causal do "porque" enfatiza o "muito amor" expresso pela mulher, mas, não podemos esquecer, ele vem inscrito numa oração subordinada àquela outra que refere o perdão. Sutilmente a atenção é dirigida para o anúncio do perdão, pois só dele se falará na cena que se segue (vv. 48-50) e não já no amor. É, portanto, a própria narrativa que nos acabará por indicar que o tema principal, aquele que aparece desde a abertura ao epílogo do episódio, não é o amor, mas a definição da identidade de Jesus em face do binômio pecado/perdão. É dentro desse macrotema que os microtemas revelam a sua verdadeira função.

v. 42 (b. c.)

Tema subordinado (o perdão)	Tema principal (o amor)
a ambos perdoou	qual deles, então o amará mais?

v. 47 (a. b.)

Tema principal (o perdão)	Tema subordinado (o amor)
são perdoados os pecados dela, os muitos	porque amou muito

Nessa mesma linha, não podemos esquecer a força do enunciado do sujeito na oração principal, "por isso te digo". Se anotarmos o óbvio paralelo com o início do v. 40, "tenho uma coisa a dizer-te", reforçado pela repetição do pronome pessoal e pelo verbo, deparamo-nos com um dispositivo retórico em que a importância da afirmação está tanto no seu conteúdo como em ela ser explicitada pela autoridade do sujeito.

A conjunção "porque" e a oração que ela introduz reclamam, assim, para o seu entendimento, o horizonte cristológico. Quando chegarmos à locução dos comensais, no v. 49, vamos finalmente intuir a questão no seu definitivo modo: "os muitos pecados dela foram perdoados, porque este Jesus os perdoou". Mas no v. 47 isso não pode ser dito. E o obstáculo é a dinâmica da cristologia narrativa que Lucas opera, onde Jesus é revelado de modo indireto e progressivo: são as situações ou as outras personagens que afirmam elementos da identidade de Jesus; e cada etapa reclama por outra, pois de peripécia para peripécia se vai construindo a trama reveladora. Por isso, sendo o tema unificador de Lc 7,36-50 a cristologia, isso não é contradito, antes sai reforçado do fato de se atribuir tanto espaço à mulher, pois ela fornece à progressão do relato uma espécie de "causalidade narrativamente provisória". Parece-nos assim que a atribuição de uma natureza causal cognoscitiva à preposição "porque" é uma possibilidade gramatical sustentada por uma evidência narrativa.

A sua pertinência deriva do esclarecimento que ela traz ao discurso de Jesus, funcionando como remate argumentativo. Sem ela a narração tornar-se-ia um enigma indecifrável. Jesus introduziu, com a parábola, aquele horizonte que o fariseu não queria encarar: o do perdão. E, nos vv. 44-47, leu os gestos da mulher como manifestações de uma hospitalidade que lhe foi dirigida, deixando supor, pelo perdão (ou pela possibilidade que se abriu para o perdão).

Não nos parece admissível, em termos narrativos, sustentar a hipótese de um encontro anterior entre a mulher e Jesus, onde o perdão teria acontecido, o que daria à entrada dela, em casa do fariseu, apenas um propósito de reconhecimento. Pois se assim fosse, como contornar não só o juízo do fariseu (v. 39), mas também o do próprio narrador (v. 37)? Numa narrativa não se podem organizar conjecturas: o que não é contado, suposto ou aludido simplesmente não existe.

O v. 47b ("porque amou muito") expressa, de maneira veemente, o que até aqui, no discurso de Jesus, tinha sido um fato implícito. É relevante que Jesus o refira ao seu anfitrião mesmo antes de o anunciar à mulher, e o faça em termos diferentes. Para a mulher, como veremos no *terceiro quadro*, o perdão acontece pelo seu encontro com Jesus (e essa é a novidade em que insiste o relato), mas Jesus tinha de contemplar as questões específicas de um auditor fariseu. Na mentalidade farisaica o conceito de pecado pertence ao âmbito jurídico, é uma transgressão da Torá, uma ofensa contra Deus. E os pecados antes de serem perdoados (e para poderem ser perdoados) expiam-se, com ritos de purificação, boas obras, com o sofrimento etc. Os próprios fariseus vivem numa disciplina permanente, a que se obrigam, para não cair no pecado, mas, quando isso acontece, sabem que o caminho é "empenhar-se primeiro no esforço humano de reconciliação, e só se apresentar a Deus, quando se é capaz de apresentar-lhe os resultados positivos" do arrependimento. Que poderia, por isso, ter feito de expiatório a mulher para ser perdoada? Mais uma vez, a resposta de Jesus não extravasa os limites do relato. Só existe, na verdade, uma resposta possível e é aquela que Jesus adianta ao fariseu: "os pecados dela", os muitos (e aqui Jesus não está denunciando a mulher, está dizendo que também ele a sabia pecadora e, com uma autoridade que até aqui ninguém teve, alude à multiplicidade dos pecados), foram perdoados, porque ela amou muito.

Determinada a harmônica inclusão do v. 47b na trama da história principal, há que afrontar essa inclusão também em termos da parábola. E aí o que defendemos é que essa porção do versículo é a conclusão do diálogo que Jesus começou com Simão no v. 40 (respondendo às suas reservas interiores do v. 39, onde o fariseu se interrogava sobre a condição de um profeta que se deixa tocar por uma pecadora), mas não é a conclusão da parábola. A conclusão da parábola será o v. 47c, "mas aquele a quem pouco foi perdoado, pouco ama", que se enquadra perfeitamente nessa função.

O v. 47b, como foi sobejamente notado pelos estudiosos da perícope, é um corpo estranho em relação à parábola. Não é de estranhar: ele está sim ligado aos motivos por que a parábola foi contada e explanada por Jesus. Em termos temporais, o v. 47b é anterior à trama iniciada no v. 41. A afirmação, "são perdoados os pecados dela, os muitos, porque amou muito", podia ser logo adiantada ao anfitrião no v. 40 e o mal-entendido entre eles desaparecia, pois, afinal, a mulher, porque tocava em Jesus, deixara de ser uma pecadora (permaneceria apenas por enfrentar a questão do poder de Jesus, o que não é pouco). Mas tal como a estratégia do fariseu foi, por causa do pecado da mulher, questionar o estatuto de Jesus, a estratégia de Jesus será partir do perdão à mulher, para interrogar o estatuto do fariseu.

O recurso utilizado por Jesus coloca em crise a segurança do fariseu, mostra que a posição distanciada que ele buscava, afinal, não é possível, porque todos estão envolvidos, e que a superioridade legal com que o anfitrião olhava a intrusa, era ela, sim, uma dramática ignorância. Porque

Simão sabia quem era a mulher e donde ela vinha, mas desconhecia em quem ela se transformara e a que lugar novo ela chegou.

Os gestos interpretados como amor

Jesus interpreta os gestos da mulher como uma demonstração de amor (v. 47b), mas essa compreensão não parece à partida partilhada pelo fariseu (preocupado unicamente com a contaminação que o contato da mulher provocara, v. 39) e não é imediatamente colhida pelo leitor, que, tendo sido informado que a mulher era uma pecadora, sente o caráter ambíguo de toda a situação. Somos depois surpreendidos pelo fato de que, nesse v. 47, Simão não protesta (nem depois os comensais) por aquela insólita classificação, e Jesus não se sinta na obrigação de fornecer mais explicações. O que é que no discurso de Jesus nos faz perceber, como amor, as ações da mulher? Vejamos na parábola e na comparação que se lhe segue os elementos que nos podem iluminar.

É na parábola, quando convoca Simão para expressar aquele que, no fundo, era o juízo óbvio, que Jesus introduz o verbo "amar", recorrendo a uma categoria hermenêutica que, até aqui, não surgira ligada a quanto ocorrera em casa do fariseu. Na verdade, a gratidão pela dívida absolvida poderia exprimir-se de outra forma e os gestos daquela mulher, que na cidade era uma pecadora, não são unívocos em seu significado. Esclarece a esse propósito Jean Delorme: "Jesus coloca o relato a serviço da temática que será a da sua própria interpretação". Trata-se de uma verdadeira estratégia narrativa.

Partindo da análise de textos extrabíblicos, há quem defenda que ungir a cabeça com óleo, dar o ósculo da cortesia não são gestos necessários à hospitalidade, nem sequer o é o lavar dos pés, encargo reservado aos servos; enquanto que outros, como Malina e Neyrey, consideram essa falta uma forma de humilhação aplicada ao hóspede. Não é conveniente, sabemos, retirar do horizonte cultural bíblico e helenístico critérios para dirimir dúvidas textuais precisas. E mesmo essas leituras apresentam-se, por vezes, contraditórias. A perícope de Lc 7,36-50 não chega a ser clara por uma ou outra perspectiva. E isso porque Jesus toma, como critério avaliador da hospitalidade do seu anfitrião, não os usos e costumes em voga, mas os gestos da intrusa, descritos por ele, como vimos, em tons hiperbólicos. Tão hiperbólicos que, quando ele os assinala como expressões de amor, o fariseu nada objeta. A mulher não substitui Simão no acolher Jesus, mas manifesta o seu afeto profundo. É este "mais" da inominada que faltou à polida recepção do fariseu.

Não é inédita a utilização do verbo "amar" no âmbito semântico da hospitalidade, seja ela literal, seja figurada. O verbo aparece, por exemplo, oito vezes em Homero para designar fundamentalmente aquele acolhimento caloroso que se reserva a um hóspede. E já aí não se trata de um protocolar exercício de cortesia: com esse verbo assinala-se um acolhimento terno e intenso. Penélope pede perdão a Ulisses se, imediatamente ao revê-lo, não lhe proporcionou esse afetuoso acolhimento. A ama de Telémaco derrama lágrimas pelo seu regresso e as outras servas saúdam-no efusivamente, beijando-lhe a fronte e as espaldas. Aliás, é com esse sentido de hospitalidade que Jesus recorda ao anfitrião a peripécia da inominada e o acolhimento que este não lhe proporcionou. Jesus diz: "entrei em tua casa" e a entrada em casa de outro centra-nos na questão do acolhimento (ou na da sua ausência).

Mas também é verdade que essa hospitalidade prestada a Jesus não é uma hospitalidade qualquer, pois a identidade do hóspede determina consequências inusitadas. Se acertarmos (como mais adiante veremos) que o "muito amor" manifestado pela inominada consistiu num ato de fé, então torna-se evidente o motivo por que Jesus o liga ao perdão dos pecados. Essa ligação parece-nos ser um dos pontos centrais para o entendimento do relato. Jesus, de alguma maneira, é o "inventor" desse amor, na medida em que ele enquadra o que aconteceu numa manifestação dessa natureza, quando ninguém mais, naquela cena, tinha possibilidade efetiva de o fazer.

"Mas aquele a quem pouco foi perdoado, pouco ama"

Na breve história trazida por Jesus, fala-se de uma diversidade de graus de amor, utilizando um comparativo ("mais"); na conclusão do discurso, porém, recorre-se ao advérbio no grau absoluto, falando simplesmente de alguém que ama muito, em paralelo com outro que ama pouco. Na parábola há, de fato, dois devedores que amam (mais e menos), enquanto, no plano da história, há apenas uma pessoa que ama, a mulher.

Simão seria perdoado de quê? Da falta da água, do ósculo e do óleo, isto é, da sua ausência a Jesus? Ou, como explica De Urrutia, perdoado de coisa nenhuma, pois a frase não exige que ele tenha sido perdoado de alguma coisa? Tal pode ser suposto, mas não nos é dito. Compreendemos, portanto, Kilgallen quando escreve que "não é por si mesmo evidente que 47c possa ser aplicado a Simão".

Simão, se compararmos as suas omissões com a intensidade dos gestos daquela, não ama, de fato. Simão recebe Jesus sem desejar verdadeiramente estabelecer uma relação, ao contrário da mulher. Por isso, só há duas pessoas a quem se pode aplicar a parábola, Jesus e a pecadora; e uma pessoa a quem foram perdoados os pecados, a inominada. Mesmo no v. 47c ("mas aquele a quem pouco foi perdoado, pouco ama") não é claro que se possa atribuir a Simão: assemelha-se mais a um provérbio que sublinha até a linha derradeira que a mulher amou mais: ela não está, certamente, entre aqueles que amam pouco, porque foram perdoados de pouco. Essa mudança adverbial corrobora a lógica geral do relato que teve sempre a mulher no centro das atenções (como sujeito da ação e como objeto da avaliação). A importância dela cresce, e a última (e decisiva) palavra de Jesus é-lhe dirigida (v. 50).

Há, porém, uma ligação estilística e de conteúdo entre a resposta de Simão sobre quem teria amado mais e 47c, "mas àquele a quem pouco foi perdoado, pouco ama". O sujeito é descrito da mesma maneira, existe um paralelismo antitético entre as formas mais/pouco; os verbos referem-se todos à terceira pessoa do singular; e, ao contrário do que aconteceria com 47b, encadeiam-se de forma lógica. Cremos que o desajustamento, melhor, a indeterminação, é um requisito da própria parábola. O v. 47c não é uma extensão, em paralelo, do v. 47b (este, sim, com um sujeito declarado), é a conclusão da parábola. E, por isso mesmo, a dificuldade de uma aplicação direta ao fariseu, em vez de constituir uma fragilidade, é uma afirmação do seu poder. Na verdade, o fariseu pode reconhecer-se no segundo termo da parábola ou não. O gênero parabólico é comparativo sem esgotar-se na comparação. Se os dois devedores da parábola tivessem uma aplicação precisa e imediata, de alguma maneira, a parábola diminuiria o seu caráter prefigurante, o vigor que lhe advém do seu efeito indireto, a capacidade especular profética de refletir todos os rostos, sem que o espelho límpido da palavra fique aprisionado a nenhum deles.

O v. 43b, sobre "o mais perdoado", saído da boca do fariseu, desencadeia a aplicação que Jesus faz de uma parte da parábola à mulher. O v. 47c, sobre "o menos perdoado", sai da boca de Jesus e permanece diante do fariseu, refletindo, na forma necessariamente abstrata e universal da parábola, também o seu caso.

O tempo do perdão

Talvez tenha chegado o momento de nos determos sobre aquele "são/ estão perdoados" que surge já no v. 47, mas cujos desenvolvimentos ocuparão o centro da cena sucessiva. A história da exegese do passo centrou-se em torno de dois problemas. Primeiro: o ato do perdão é anterior àquele encontro em casa do fariseu? Muitos exegetas apoiam essa interpretação que torna mais linear também a intriga, pois os gestos da mulher passam a ser apenas de reconhecimento pelo perdão recebido. Contudo, não conseguem clarificar o momento e a causa precisa do perdão. E dissemos já que, na perspectiva da análise narrativa, esse é um problema sem sustentação textual. Segundo: estaremos perante uma construção teológica que indica uma ação realizada por Deus, da qual Jesus é o anunciador? Apesar do impressionante acordo entre comentadores, as questões que se levantam são, do ponto de vista narrativo, muito sérias. Se Jesus é apenas um anunciador do perdão, por que é que no v. 48 repete à mulher o que ela já sabe (se os seus gestos são, de fato, uma consequência do perdão)? E como entender a reação dos comensais que interpretam a afirmação de Jesus precisamente em sentido contrário?

Gramaticalmente, a fórmula "são/estão perdoados" representa um objeto complexo. As abordagens têm sido suficientemente várias para dar bem conta da dificuldade do argumento. Infelizmente as ocorrências bíblicas desse perfeito verbal são escassas: na LXX nunca comparece e, nos sinóticos, apenas temos os registros do nosso episódio e de Lc 5,20.23. Há mais duas passagens joaninas, Jo 20,23 e 1Jo 2,12, que pouca luz trazem ao nosso caso.

Tomemos então a narração de Lc 5,17-26, com a qual, vimos já, a nossa perícope apresenta não poucas semelhanças. A entrada em cena de "alguns homens carregando um paralítico"

> (v. 18) despoleta a ação que tece uma intriga de revelação: "Jesus, o Filho do Homem, tem poder de perdoar os pecados". O nexo narrativo principal costura-se à volta da ideia de força/poder/autoridade de Jesus, isto é, da sua identidade. O narrador adianta-se a todos informando que "Ele tinha um poder do Senhor" (v. 17); depois, são os escribas e fariseus que murmuram por Jesus se atribuir um poder que é só de Deus (v. 21); e o próprio Jesus que conclui afirmando que o Filho do Homem tem poder de perdoar os pecados (v. 24).

No v. 20 temos: "Vendo-lhes a fé, ele disse: 'Homem, teus pecados são-te perdoados'". Em que consiste essa fé, nomeada pela primeira vez em Lucas, é difícil de dizer, o que sabemos é que ela foi expressa em gestos de confiança no que Jesus poderia fazer (trazer o paralítico, subir ao telhado, fazer uma abertura, descer o paralítico diante de Jesus). E essa fé leva Jesus a pronunciar o perdão.

Por Jesus usar o tempo perfeito, deve depreender-se que o paralítico foi perdoado no passado? Nos paralelos de Mt (9,1-8) e de Mc (2,1-12) o verbo vem no presente e a reação dos opositores é igual à que descreve o terceiro

Evangelho. Talvez daqui se possa pensar que o perfeito de perdoar não assinale necessariamente um passado. Das sessenta utilizações que Lucas faz do perfeito, duas delas indicam isso claramente. Uma, e bem significativa, é a de Lc 4,21. Jesus na sinagoga de Nazaré afirma: "hoje cumpriu-se aos vossos ouvidos esta escritura". O advérbio *hoje* impõe o tempo presente para a ação expressa pelo verbo. O outro exemplo é Lc 13,10-13, em que Jesus primeiro anuncia à mulher recurvada a cura, usando um perfeito, e só depois impõe as mãos e a sara. Daqui se pode concluir que o uso do perfeito, quando exprime o perdão dos pecados, não fixa a realização desse ato num tempo necessariamente anterior à sua declaração. O contexto é sempre decisivo para o esclarecer.

Jesus corrige o olhar do fariseu

É importante analisar como são diferentes as linhas do olhar do fariseu e de Jesus, e como as do segundo corrigem e reorientam as do primeiro. O fariseu tinha julgado, à sua maneira, a situação: vê a mulher a partir dos fatos que eram públicos (ela ser uma pecadora da cidade, v. 37), mas fixa a sua atenção (e a do texto) sobre Jesus e a sua identidade (v. 39). Da parte de Jesus, ao contrário, há uma insistência em colocar no centro a mulher e as suas ações: o gesto de Jesus acrescido do convite feito a Simão para que olhasse a mulher, no v. 44; a comparação que se segue, vv. 44-46; o papel sempre mais rarefeito do anfitrião; o modo abstrato, quase proverbial de 47c; e, sobretudo, a conclusão da argumentação de Jesus em 47a.b, que abrange unicamente a intrusa. O narrador tinha apresentado a peripécia da mulher de uma forma propositadamente ambígua: Jesus retoma cada um dos gestos da mulher e, como verdadeiro hermeneuta, deixa que sejam os gestos a falar. O olhar que Jesus propõe a Simão ("vês esta mulher?") é, evidentemente, não a repetição do primeiro olhar, mas a possibilidade de enquadrar o real numa nova perspectiva.

O verbo que sintomatiza a crise no olhar do fariseu é "saber, conhecer", quando este compara a presumível (in)capacidade cognoscitiva de Jesus com a de um profeta. Esse verbo, porém, não é retomado narrativamente, nem pelo narrador, nem por Jesus. E o narrador absteve-se sempre de sublinhar o conhecimento interior de Jesus. Mesmo na passagem do v. 39 para o v. 40 recorre a uma fórmula, "respondendo, disse", que não obriga Jesus a responder ao que não foi dito, pois esse é um modo típico, nos sinóticos, de introduzir os discursos. Contudo, das palavras e ações de Jesus, o leitor pode ver confirmada a sua capacidade cognoscitiva profética, mas não é essa a questão nodal da narrativa. Que Jesus conhecesse ou não o pensamento de Simão, ao leitor isso nunca é explicado, simplesmente porque a preocupação de Jesus não é responder àquela dúvida de Simão.

Quando a retórica do conflito for transformada pela retórica do conhecimento, a questão não será saber se Jesus é ou não profeta, mas sim "quem é este que perdoa pecados?". A nova cena, que se segue ao v. 47, e a luz que ela lança à identidade de Jesus faze-nos finalmente perceber o motivo que levou Jesus nos vv. 40-47 a corrigir o olhar de Simão.

IV
Quem é este que perdoa pecados?

Em cada um dos quadros anteriores, a relação entre Jesus e a inominada foi mostrada como uma relação intensa, mas não completamente explicitada. No *primeiro quadro* (vv. 36-38), a falta de palavras, quer da mulher, quer de Jesus, reforçou, por um lado, a dramaticidade da cena, e também acentuou o seu caráter indeterminado, complexificando-a.

O *segundo quadro* (vv. 39-47) é ainda mais denso, porque Jesus, no discurso que profere, prova não só ter acolhido os gestos silenciosos da mulher, mas ainda lhes dá uma interpretação imprevista, apanhando de surpresa o fariseu que tinha também uma sua leitura dos acontecimentos. Jesus obriga Simão a olhar para aquela mulher de outra maneira (vv. 44-47).

Terceiro quadro (vv. 48-50): a mulher e os comensais perante Jesus

Esse *terceiro quadro*, porém, levando a situação narrativa ao seu desfecho, vai dizer-nos como, partindo do caso dessa mulher, Jesus permite ser olhado de outra forma.

> [48]E disse a ela: "estão perdoados os teus pecados". [49]Os comensais começaram a dizer entre si: "quem é este que até perdoa pecados?" [50]Ele, porém, disse à mulher: "A tua fé te salvou; vai em paz".

Na cena dos vv. 39-47 Jesus aparece como o grande intérprete da mulher: Ele entende o seu silêncio, percebe a natureza dos seus gestos, protege-a da hostilidade do anfitrião e dos ditames da mentalidade farisaica, leva Simão a rever o seu julgamento sobre a mulher que entrara, em casa dele, como pecadora. A fama que Jesus trazia consigo de "amigo dos pecadores" (Lc 7,34) fica bem patente. Mas os vv. 48-50 são fundamentais para indicar que Jesus atua assim, não por uma simpatia humana (a mulher tinha mostrado por ele maior amor e Jesus retribui), mas para concretizar, no plano humano, o mistério da sua relação com Deus. Ele não é somente um pregador do Reino, disponível para se deslocar a todo lugar, inclusive à casa dos seus opositores; nem um anunciador de boas notícias, para aqueles, inclusive pecadores, que manifestam sinais de penitência. Jesus aparece maximamente envolvido no perdão de Deus.

Pela primeira vez, Jesus fala à mulher. Temos aqui uma inversão do movimento perante o v. 37: aí a mulher procurou Jesus; agora é Jesus que, em modo reiterado, se dirige a ela. Os eixos dialéticos e as comparações ficam para trás: o que Jesus tem para dizer diz-lhe unicamente respeito: "Estão perdoados os teus pecados". Quem faz o percurso desde o v. 38 até o v. 48 não pode deixar de se surpreender que toda a profusão de gestos e de palavras que, no fundo, prepararam aquele momento, dê lugar à escassez das quatro breves palavras em grego que Jesus dirige à intrusa, "estão perdoados os teus pecados". Não há traços explícitos da situação anterior, nem uma ligação gramatical (uma preposição, um deítico, o que seja...). É como se do v. 38 se fizesse um salto direto para o v. 48.

Já anteriormente, em v. 47, Jesus informara o fariseu desse perdão. Mas aí, porque pretendia o envolvimento dele através da comparação com a mulher, Jesus ajuntou as condições da inominada para o perdão, o seu muito amor. Agora, no v. 48, a declaração de Jesus reveste-se de extrema economia. O núcleo verbal "estão perdoados" vem igualmente no perfeito, o que remete claramente à fonte do perdão para Deus. Esse recurso ao passivo, que encontramos também no v. 47, prova como a estilística se reveste de motivações teológicas, já que o tempo verbal funciona como um subentendido evidente para quem esteja habituado à linguagem bíblica: "estão perdoados" quer dizer "foram perdoados por Deus" ou "Deus te concedeu o seu perdão". Isso concorda bem com a teologia de Lucas, onde um perdão dos pecados atribuído a Deus aparece, frequentemente, representado como um sinal do ministério de Jesus.

Mas uma coisa é o sentido teológico corrente, outra é a modificação de leitura a que a estratégia do próprio relato nos conduz. Ao chegarmos ao v. 49, percebemos que o anúncio que Jesus fez com a forma verbal no perfeito é interpretado, pelos comensais, como uma declaração performativa, que eles traduzem colocando o verbo no presente. É verdade que a sua pergunta em aberto ("quem é este que perdoa pecados?") salvaguarda a coerência com a posição dos escribas e fariseus em Lc 5,21 (cf. Mc 2,1-12; Mt 9,1-8): "não é só Deus que pode perdoar pecados?" Mas uma brecha instalou-se, pois quem tomar a possibilidade do tempo presente é colocado perante o horizonte cristológico: Jesus surge, portanto, não apenas como anunciador do perdão, mas como aquele que tem poder para declarar a absolvição dos pecados. A mudança verbal exige que se pense a natureza da relação que Jesus tem com Deus e que lhe permite agir como só Deus pode.

Joseph Fitzmyer refere que o sentido cristológico fornecido pela mudança do perfeito em presente não era "imediatamente claro na parte anterior da história". Mas isso, cremos, harmoniza-se com o caráter progressivo da narrativa, que não transmite imediatamente toda a informação, mas a vai doseando a serviço da sua estratégia de revelação.

Interessante é verificar como o *terceiro quadro* (vv. 48-50) está organizado. Entre as duas declarações à mulher, tem lugar a questão retórica dos comensais: v. 48 – Estão perdoados os teus pecados; v. 49 – Quem é este que até perdoa pecados?; v. 50 – A tua fé te salvou.

Como entender o v. 49? Funciona como uma simples interrupção, um aparte em relação ao diálogo principal? Se assim fosse, como se justificaria que um narrador tão meticuloso se colocasse a sondar pensamentos (pois os comensais discorriam apenas entre si) num momento tão importante como este!

No v. 49 damo-nos conta de um silêncio narrativo que o texto guardou até aqui: o fariseu, Jesus e a intrusa não estiveram, afinal, sozinhos, pois somos agora surpreendidos pela presença de outros comensais. Uma função desse silêncio, vimos já, foi a concentração narrativa em torno do primeiro grupo de personagens, moldando a peripécia como uma cena-tipo; mas a outra função só ao final nos apercebemos, quando os comensais se interrogam: "quem é este que até perdoa pecados?". Essa pergunta interpreta narrativamente a afirmação de Jesus, lendo o perfeito a partir do presente, e reconhecendo o poder que se exerce na única ação de Jesus para com a mulher que eles diretamente testemunham: a declaração do v. 48. E colocada nesse preciso momento, a pergunta aparece como um ponto culminante de todo o trajeto narrativo. Se ela funciona como uma pergunta retórica, para a qual não se espera uma resposta, é porque foi a resposta, fornecida antecipadamente, que conduziu à pergunta.

Podemos estabelecer um paralelo entre a resposta dos comensais no v. 49 e aquela do fariseu em v. 39. Ambos os sujeitos são definidos pela relação com Jesus, o fariseu é o anfitrião que o convidou e os comensais são pessoas que estavam à mesa com ele; há um paralelo pelo menos estilístico entre o dizer para consigo e o dizer entre si; os dois abordam a mesma figura, a desse Jesus, interrogando a sua identidade; ambas as questões se situam, ainda que inversamente, no campo semântico do pecado.

Mas talvez o mais saliente seja a progressão entre os versículos. Quer numa, quer noutra fala se recuperam informações, acerca de Jesus, dispersas pelo Evangelho. A proclamação de Jesus como profeta acontecera em 7,16; e, em 5,17-26, já os fariseus se tinham confrontado com o poder de Jesus quanto ao perdão dos pecados. Mas o que a narrativa explora em Lc 7,36-50 é a passagem de um limiar a outro. Jesus surge não só como um mestre religioso que relata o que Deus operou, mas é alguém cuja palavra inscreve o perdão divino. O anfitrião estava apenas preocupado com a capacidade cognoscitiva de Jesus (que segundo ele não é a de um profeta); os comensais, porém, com a capacidade de Jesus perdoar pecados. O fariseu distanciara-se de Jesus porque o considerou inferior a um qualquer profeta; os comensais perguntam-se (e perguntam-nos) se ele não é igual a Deus!

A personagem Jesus obriga, assim, o relato a tomar um endereço cristológico, sustendo, numa ambiguidade notável, a narrativa até o desfecho do v. 49: dirigindo-se à mulher, provoca nos comensais uma reação na linha por ele pretendida.

A manifestação da fé que salva

A fórmula de fecho do episódio, constituída por dois elementos – a) "A tua fé te salvou"; b) "vai em paz" –, ocorre também duas vezes em Marcos e três em Mateus, mas Lucas (onde a fórmula surge quatro vezes) manifesta uma especificidade que é preciso não descurar. Pelo menos no relato lucano, não parece que essa fórmula constitua simplesmente um modo estereotipado de despedida.

No Evangelho de Marcos, o substantivo "fé" tem quatro registros. Dois reportam-se à fórmula em discussão (5,34; 10,52); um outro (4,40) aparece no trecho da tempestade acalmada; e outro ainda (11,22) no dito de Jesus a propósito da figueira estéril. O verbo "acreditar", por seu lado, surge em sete passagens, em algumas mais do que uma vez, embora o seu sentido não seja uniforme: a passagem do peculiar capítulo 16; três momentos (11,23.24.31; 13,21; 15,32) em que o verbo é claramente usado numa acepção profana ("dar crédito a"); e três outros, finalmente, em que o sentido é o da fé (1,15; 5,36; 9,23.24). Mas mesmo aí, a dificuldade (de Marcos) em distinguir entre enfermidades físicas e não físicas tornará menos claro o seu uso dessas expressões.

Os quatro episódios em que Lucas termina com a fórmula que une fé e salvação podem ser considerados caracterizadores do ato de crer: 7,50 – A tua fé te salvou: vai em paz; 8,48 – A tua fé te salvou: vai em paz; 17,19 – Levanta-te e vai: a tua fé te salvou; 18,42 – Vê de novo: a tua fé te salvou.

Comecemos pelo fim, o relato da cura do cego em Jericó (18,35-43). Em relação ao paralelo de Mc 10,46-52, o episódio lucano apresenta uma diferença significativa no modo como Jesus anuncia ao cego a cura. A um pedido igual do cego, Jesus responde de modo diverso: em Mc 10,52, "Vai, a tua fé te salvou"; e, em Lc 18,42, "Vê de novo, tua fé te salvou". Para Marcos, claramente, a fé engloba o ato da cura, enquanto, em Lucas, há o anúncio explícito da cura e a fé é apresentada como justificação. Além disso, também a sequência narrativa em que os relatos se integram diverge em ambos os Evangelhos. No segundo Evangelho (tal como em Mateus), a cura do cego antecede imediatamente a entrada em Jerusalém e a narrativa da Paixão. No texto lucano, a cura do cego também precede o encontro de Jesus com Zaqueu, e no clímax das palavras que Jesus dirige àquele – "Hoje aconteceu salvação nesta casa" – podemos ver como que uma ampliação dos elementos anteriores (fé e salvação).

Um outro texto importante, de extração tipicamente lucana, é o que narra a cura dos dez leprosos e o regresso de um apenas, o samaritano, para manifestar a Jesus a sua gratidão (Lc 17,11-18). Aí é bastante evidente que a distribuição do vocabulário obedece a alinhamentos semânticos, pois a purificação/cura dos nove é descrita pelos verbos purificar (17,14.17), enquanto curar (v. 15) e salvar (v. 19) são reservados unicamente ao samaritano, e para referir um âmbito que transcende a restauração física, a fé.

Outro passo ainda é o que respeita à cura da hemorroíssa (Mc 5,25-34; Lc 8,43-48). Em Lucas é o narrador que se ocupa da descrição da cura ("ela aproximou-se por detrás e tocou a extremidade de sua veste; no mesmo instante o fluxo de sangue parou", v. 44); Marcos, porém, liga o momento da cura a um discurso interno da mulher ("Porque dizia: 'Se ao menos tocar as suas vestes, serei salva'. E logo estancou a hemorragia", vv. 28-29). O verbo salvar, na boca da mulher, refere a esperança de uma cura física. No desfecho da peripécia, essas são as palavras de Jesus em Lucas: "a tua fé te salvou, vai em paz" (v. 48), enquanto, em Marcos, temos "a tua fé te salvou, vai em paz e fica curada desse teu mal" (v. 34). Esse "e fica curada desse teu mal" como que concretiza a salvação trazida pela fé. Sendo que a concisão de Lucas, porque não define, adensa teologicamente o sentido.

E chegamos a 7,50. Jesus no v. 48 já se havia dirigido à mulher, mas volta a fazê-lo aqui. Por que razão? Vejamos as duas alocuções de Jesus:

v. 48 – "E disse a ela: estão perdoados os teus pecados"; v. 50 – "Ele, porém, disse à mulher: 'A tua fé te salvou; vai em paz.'"

Percebe-se imediatamente, da comparação, que o remate do v. 50 rompe o paralelo. As diferenças ressaltam do campo semântico de ambos os versículos: o v. 48 expressa-se por um vocabulário ligado ao pecado, enquanto o v. 50 se radica no léxico da fé, da salvação e da paz. Admitindo uma correspondência entre perdão e salvação, a segunda declaração de Jesus à intrusa representa uma progressão de sentido em relação à primeira: não só anuncia a salvação, como identifica o motivo.

De fato, até esse momento o perdão tinha sido referido simplesmente em relação a Jesus, ainda não se tinha falado da sua causa. Agora como que se apresenta um itinerário para o perdão: fé – perdão – gratidão, em que o elemento principal, mesmo de um ponto de vista gramatical, é a fé: colocada no início do v. 50, com a função sintática de sujeito, ela é dita claramente a causa da salvação. O v. 48, com o seu perfeito passivo, anunciara que a mulher tinha sido perdoada; o v. 50 vem esclarecer que o motivo de tal salvação é a fé.

No conjunto do relato, o v. 50 representa efetivamente uma novidade, qualquer coisa de inesperado: até Jesus justificar o que aconteceu como uma manifestação da fé que salva, não se tinha falado nem de fé nem de salvação. O v. 50 é uma chave de leitura que não é imediatamente deduzível das várias etapas do episódio. Se o narrador nos tivesse adiantado esse elemento, logo ao início, teríamos, por exemplo, olhado para os gestos dela de outra maneira. Porém, em nenhum outro passo da perícope a mulher é caracterizada como crente, nem pelo narrador nem por Jesus, e ainda menos pelo fariseu.

Não se explicita claramente o que seja a fé: o que sabemos é que esta não pode ser desligada dos atos de amor que a intrusa realiza em casa do fariseu. A fé não é uma abstração, é uma narrativa. Se o ligame entre fé e "toque" não é precisado, ele acaba por ser bem sublinhado pela repetição que o discurso de Jesus faz de todos os gestos daquela pecadora. Sem uma única palavra, a mulher toca a realidade profunda de Jesus. Entabula com ele uma relação que transcende o formalismo do pacto de hospitalidade oferecido pelo dono da casa. Traz um impressionante regime de verdade para o centro do relato. Expõe-se. Confia. Indiferente ao peso do juízo social que pesa sobre si, ela entrega-se ao silêncio de Jesus, ao poder transformador da sua palavra. E Jesus diz-lhe: "a tua fé te salvou" (v. 50). A fé, note-se, é "a tua fé": traz agarradas à sua formulação as marcas mais íntimas e impronunciáveis do vivido. Não tem o sentido de uma virtude interior abstrata, mas ligam-se a expressões existenciais concretas. A fé da mulher é aquele seu modo de estar presente, inteiramente presente a Jesus.

Que modo era esse? A narrativa, na sua riqueza de significação, escapa a determinações muito precisas. Podemos, de fato, enquadrar a fé da inominada no âmbito prevalente da confiança nas capacidades de Jesus agir. Mas, se tivermos em consideração o que aqui aconteceu, uma intervenção divina que atinge a pessoa no mais profundo da sua vida e do seu ser, essa fé conduz-nos do confiar ao crer. A narrativa implica mais do que explica.

Nos grandes episódios lucanos sobre o perdão (em cujo conjunto Lc 7,36-50 se destaca), Cadbury sublinha que Jesus contraria a corrida à autojustificação por parte daqueles que se reclamam justos. Esses, para utilizar as palavras de Jesus de Lc 5,31, "não têm necessidade". Ora, nesse horizonte, a nossa perícope revela o seu provocador segredo. O fariseu julga Jesus, enquanto a mulher vem submeter-se ao seu juízo. O fariseu desencontra-se do seu hóspede: a vizinhança física de Jesus não significou para ele uma real proximidade da salvação. Enquanto a mulher vence o distanciamento a que a sua condição a votava, para alcançar Jesus. A questão da "necessidade" de Jesus impõe-se como ponto miliar da situação narrativa.

Sendo assim, não podemos ler o episódio pelos olhos do fariseu, utilizando as suas velhas categorias. Lucas mostra-nos quanto elas se tornam inadequadas perante o novo que Jesus constrói, revelando-se. Onde o fariseu vê uma pecadora, Jesus não perde de vista uma pessoa e a sua situação histórica concreta. Onde o fariseu faz pesar o passado, tratando o pecado como uma dívida que não estava saldada, Jesus observa o presente, considerando o pecado uma carência que só o dom gratuito de Deus pode colmatar. Onde o fariseu repudia moralmente, Jesus acolhe humana e religiosamente. Onde o fariseu julgava a mulher perdida, precisamente aí, Jesus a vai resgatar. Mas também onde ele se queria a salvo, Jesus o vai acusar.

Lc 7,36-50 relata, portanto, um encontro, mas um encontro na nova perspectiva de Jesus: por um lado, a da manifestação salvadora de um Deus que acolhe e reabilita quem se reconhece pecador e, por outro, o desafio a que se experimente a conversão não unicamente com um sentido escatológico, mas como uma dimensão histórica de todo o caminho crente. Mais do que precisar cronologicamente as etapas do perdão, o relato parece interessado na sua qualidade. Progressivamente, ele instaura eixos que se revelam decisivos: acolhimento/arrependimento; amor/perdão; fé/salvação. Nessa ótica, autenticada pela declaração final de Jesus, as noções de pecador e de pecado são subtraídas ao território moralista do lícito e do proibido. Já não serve o espartilho casuístico que regulava a aparência ou a parcialidade do viver humano. De agora em diante, é a totalidade da existência (e das existências) colocada numa relação com Deus e descrita em termos de amor, fé, acolhimento e perdão. De agora em diante, o que é pedido é essa capacidade de um grande amor.

E, importa dizer, esse novo entendimento não é um fato isolado ou circunstancial do macrorrelato lucano, mas uma linha constante que determina a fisionomia do terceiro Evangelho. A totalidade do Evangelho ilumina esse momento do Evangelho. Tem razão Rinaldo Fabris quando, por exemplo, sublinha que "o melhor comentário à cena da mulher pecadora, acolhida e perdoada em casa do fariseu, é a parábola do pai que espera, acolhe e reabilita o filho que havia saído de casa, 15,11-32". Recorde-se que essa parábola é contada a fariseus e escribas que murmuravam contra Jesus: "Esse homem recebe os pecadores" (15,2). E que, quando o filho mais velho se recusa a entrar em casa, não é senão à lógica do amor que o pai se reporta: "tínhamos de nos alegrar porque ele estava morto e voltou a viver". Desse modo, Jesus faz entrar em crise as velhas categorias, as etiquetas moralistas, as catalogações legais, os procedimentos autojustificantes. O Deus Salvador revela-se nos gestos e nas palavras do amor libertador que ele anuncia. Por isso também, quando a pecadora desaparecer dessa cena, reconciliada, Jesus permanecerá como um problema ainda maior para todos os presentes.

A maneira como a história é contada

A montagem dos vários quadros corresponde a uma determinada estratégia narrativa, pois isso determina a maneira como a história é contada. O quadro inicial (vv. 36-38) inscreve na situação uma grande (e voluntária, percebemos depois) ambiguidade. O narrador coloca-nos aí perante um potencial conflito, mas sustém habilmente o relato de modo a que possam coexistir inferências contrastadas. E, de fato, o momento seguinte explora a divergência implícita do fariseu (v. 39) e a convergência surpreendente de Jesus (vv. 40-47).

O modo como o fariseu Simão se constitui em oponente configura-o com o seu horizonte semântico de proveniência. Ele como que se apaga no ponto de vista que representa, sendo mesmo substituído, no quadro final, por uma personagem coletiva, os comensais. Ora, o caso de Jesus é construído ao inverso. Se, ao entrar em casa de Simão, ele ainda podia ser considerado "um profeta" ou "um mestre", a sua atuação, porém, como que o isola, mostrando, sim, que ele é único e que com ele emerge algo de novo.

E isso acontece porque o relato insiste não em identificar a sequência cronológica do perdão que ocorre (como tantos comentadores pretenderam), mas em aprofundar teologicamente a sua natureza. Dessa forma, Lc 7,36-50, em vez de precisar detalhes para uma esquematização lógico-consecutiva dos acontecimentos, instaura eixos que se revelam decisivos: acolhimento/arrependimento; amor/perdão; fé/salvação. As noções de pecador e de pecado são subtraídas ao território da casuística do lícito e do proibido. Aquilo que Jesus revela como decisivo para a existência não é o cumprimento ou o incumprimento de uma lei exterior: tudo passa por uma relação com Deus que permite a transformação do homem, o perdão e a salvação. Essa relação concretiza-se na fé, descrita, no episódio, como uma forma radical de hospitalidade a Jesus. Importa também referir que esse novo entendimento não é um fato isolado ou circunstancial, no macrorrelato lucano, mas é uma constante de todo o Evangelho.

Podemo-nos perguntar se não bastariam, ao episódio, apenas os dois primeiros quadros. O primeiro coloca em cena a ação e o segundo dá-nos a reação. O papel do *terceiro quadro* (vv. 48-50) não será redundante? O *terceiro quadro* é absolutamente necessário à narrativa. Ele vem responder à pergunta sobre quem concedeu à mulher esse inédito perdão. No diálogo direto de Jesus com a inominada, compreendemos que Jesus não é apenas anunciador do perdão. E no remate do texto surge uma fundamental palavra sobre a identidade de Jesus: "Quem é este que até perdoa pecados?". Descobrimos, então, que o endereço da perícope não é a pecadora, nem o fariseu, mas o próprio Jesus. E todas as peripécias da história serviram, afinal, ao trabalho lucano da construção narrativa de Jesus, do surpreendente ponto de vista do encontro e da misericórdia.

V
O QUE TEM DE REVELADOR
O ESPAÇO

O espaço é certamente uma das categorias mais significativas da narração. Integra os componentes do cenário onde a ação das personagens se desenrola, mas não só, pois o espaço manifesta também incidências semânticas: os lugares, as decorações, os objetos podem simbolizar as atmosferas sociais em que as personagens se movem ou os seus estados psicológicos, traduzindo sentimentos, tensões subterrâneas ou mudanças que aí ocorram.

A representação do espaço narrativo apresenta-nos, à partida, duas condições: *a*) Que olhemos para ele não como uma simples reprodução do espaço histórico: é sempre um modelo próprio de mundo, com o seu código linguístico específico, aquele que a narração constrói, e por isso precisamos partir dele, atendo-nos aos seus sinais; *b*) Que vejamos na representação do espaço, na narração, uma realidade que nunca é exaustiva. O leitor é chamado para, de alguma maneira, completar os pontos de indeterminação, supondo características e objetos não mencionados.

Estamos assim colocados perante a dupla tarefa de, por um lado, detectar as marcas que, no texto, descrevem e organizam o espaço e, por outro, compreender e completar os seus silêncios. Comecemos pela primeira.

Numa análise ao episódio de Lc 7,36-50, percebemos que são muitas e de ordem diversa essas indicações. O universo físico é o da casa do fariseu (v. 36; v. 37; v. 44). Ela serve de cenário para os acontecimentos relatados. Todas as personagens estão ali presentes. E àquelas que não têm uma ligação de origem com esse espaço, assinala-se a sua entrada: Jesus (v. 36) e a mulher (v. 37).

Ao mundo delimitado da casa acrescenta-se ainda outra alusão geográfica: a cidade (v. 37). Possivelmente a casa de Simão situar-se-ia nessa cidade, pois uma mulher daí soube quem era o hóspede dele para aquela refeição. Isso, porém, não é dito claramente. Mas, ainda que tal se confirmasse, não anularia uma dialética de contraposição que se adivinha entre os dois lugares.

São relativamente escassas as notícias que concernem à arquitetura doméstica do Novo Testamento. De fato, a arqueologia tem-nos abundantemente revelado fortificações de cidades, composições de palácios de reis e governadores, a complexidade do templo, mas menor atenção tem sido prestada ao modo como a gente comum vivia nos tempos bíblicos. Contudo, a míngua de referências à dimensão física do espaço como que sublinha a centralidade da dimensão simbólica.

A condição moral dos habitantes acaba por ser uma espécie de condicionamento semântico, pois os lugares tomam as características das suas personagens principais. A casa do fariseu, à luz da ideologia da personagem, vai funcionar como o refúgio da legalidade, da ordem religiosa e social, de certa forma, como um *ethos*. A cidade, donde a mulher provém, emerge como o lugar onde o pecado é possível. A casa é um território delimitado, suscetível de um ordenamento. A cidade, pela sua dimensão e natureza, escapa a todo o controle. Casa e cidade não são, no jogo narrativo, apenas indicações geográficas, mas modelos e paradigmas.

Para lá dessas duas referências geográficas, o texto apresenta preposições e formas verbais que nos permitem reconstruir as linhas do espaço.

Uma leitura do espaço através das preposições

Praticamente em todos os versículos (exceção feita àqueles que dizem respeito à parábola e à reação de Jesus), encontramos formas preposicionais. Vejamos:

v. 36	com ele; para
v. 37	na; em
v. 38	atrás de; para (junto de)
v. 39	em
v. 40	para
v. 44	para; para
v. 49	em
v. 50	para; para, em

A fórmula do versículo inicial "(a fim de que comesse) com ele" traduz um desejo de relação e um desejo que se reveste de certa intensidade. Em Lc 11,37, também a propósito do convite de um fariseu a Jesus, usa-se a fórmula "(a fim de que comesse) junto a ele". Ambas significam proximidade, mas em graus diferentes. A primeira ocorre muito mais vezes em Lucas e em passagens-chave, como Lc 1,28 ("o Senhor está contigo"); 1,66 ("e a mão do Senhor estava com ele"); 15,31 ("Filho, tu estás sempre comigo"), com o sentido de comunhão, de companhia. Na terceira refeição de Jesus em casa de um fariseu não há indicação sequer de um convite, nem de qualquer fórmula de proximidade entre o anfitrião e o hóspede. A outra preposição, "para", concretiza esse apelo de partilha do espaço, indicando o movimento de Jesus na direção de Simão.

Os vv. 37 e 38 relatam-nos a chegada e a atuação da mulher inominada. Ela era pecadora "na" cidade e soube que Jesus estava "em" casa do fariseu. Temos assim assinalados dois pontos de referência, na geografia e na simbólica. Há uma distância objetiva entre ambos os lugares, distância mediada por um conhecimento que revela o motivo da deslocação que vai agora acontecer. No v. 38, as preposições "atrás de" e "para (junto de)" já nos falam de uma distância superada, embora inscrevam na narração uma estranheza. A mulher traz um alabastro de perfume, é portadora de um presente, e, em vez de colocar-se diante do homenageado, coloca-se por detrás. Percebemos, então, que a mulher não entrou simplesmente para um espaço onde Jesus estava. Ela como que busca a sua sombra, a sua proteção, colocando-se atrás dele.

Essa preposição aparece apenas mais seis vezes no Evangelho de Lucas. Só uma vez parece ter um uso puramente circunstancial, em 19,14, quando Jesus conta a parábola das minas e fala de um senhor, odiado pelos seus cidadãos, que "mandaram atrás dele embaixadores dizendo: não queremos que este reine sobre nós". Em 17,31, aparece no contexto de um discurso escatológico: "o que estiver no campo não volte para trás". Todas as outras vezes é uma preposição típica das fórmulas de seguimento vocacional: 9,23 – "Se alguém quer vir após mim"; 9,62 – "Ninguém que lança mão do arado e olha para trás é apto para o Reino de Deus"; 14,27 – "quem não levar a sua cruz e vier após mim, não pode ser meu discípulo; 21,8 – "porque virão muitos em meu nome, não sigais atrás deles". O que nos faz supor que a mulher, mais do que um fortuito avizinhar-se, entrou, de fato, na órbita de Jesus. Com esse "atrás de", ela transpõe um limiar. A preposição "para (junto de)", que se lhe segue, como que concretiza a proximidade, explicitando que é junto aos pés de Jesus que ela se coloca.

O v. 39 faz-nos passar para um outro plano de representação do espaço. Até aqui prevaleceu o domínio da exterioridade. Irrompe agora, com o monólogo íntimo do fariseu, o plano da interioridade: é "em si mesmo" que ele discorre. E discorre desse modo para estabelecer distância com aquilo que vê. Inicia-se assim um movimento de orientação contrária no texto: até este momento as personagens convergiam para Jesus, a partir daqui instala-se a dissensão, um princípio de distância.

Edward T. Hall, no seu estudo sobre o significado das distâncias entre as pessoas, defende que "a ideia do espaço (...) não se limita unicamente ao espaço visivo, mas envolve muito mais profundamente toda a sensibilidade". A proximidade e a distância não são mensuráveis num sentido puramente exterior. Como realidades humanas, mais até que geográficas, elas são também invisíveis e incalculáveis. O antropólogo americano insiste muito neste ponto: que o espaço, quando habitado pelo homem, deixa de ser espaço apenas, para tornar-se espaço humano. O espaço revela-se como processo de comunicação interpessoal e instância de produção de uma cultura.

Podemo-nos interrogar sobre as razões que levaram o narrador a introduzir, diante da dimensão mais visível do espaço, uma dimensão mais invisível ("em si"). E a chave do mistério está, cremos, na natureza do discorrer íntimo do fariseu ("Se este fosse profeta, saberia que..."). A alteração da dimensão espacial exprime uma distância que se instalou entre ele e Jesus. A propósito de quê? A propósito exatamente da partilha do espaço entre as personagens e do seu significado. A mulher é uma "pecadora" e, contudo, toca em Jesus, violando as normas de separação recomendadas entre puros e impuros. Jesus parece passivamente consentir naquilo que acontece. Como pode ele ser profeta, se um profeta devia ser capaz de perceber o caráter das pessoas com quem trata? E, por isso, o fariseu se coloca na defensiva.

Não sabemos exatamente o motivo pelo qual essa distância não é verbalmente explicitada – por receio?; para manter a cordialidade que deve reger as relações entre anfitrião e hóspede?; por não estar ainda seguro da sua opinião? –, permitindo um confronto aberto entre as personagens. Temos, no entanto, com o v. 39, informação suficiente para saber que essa distância existe. E se o fariseu, por algum motivo, não quis desencadear o confronto, este será desencadeado por Jesus.

No v. 40 surge a preposição "para", seguida de um pronome pessoal ("ti"). É uma fórmula muito frequente, quando se trata de dizer alguma coisa a alguém. Jesus, o sujeito verbal, dirige-se ao fariseu. Já uma vez, logo ao início do episódio, ele se tinha orientado ao encontro do fariseu, mas aí o desejo de Simão era de proximidade, que Jesus estivesse "consigo". Jesus dirige-se agora ao fariseu numa situação oposta, quando o desejo dele é a distância. E é com essa distância, real mas não explicitada por Simão (e que Jesus conhece: eis um dos segredos que tece o segredo desse texto!), que Jesus vai passar agora a dialogar.

Os vv. 41-43 dizem respeito à parábola que Jesus conta. Talvez, como em nenhuma outra parábola, estejam presentes todos os procedimentos argumentativos: *a)* Jesus conta a parábola a um interlocutor nomeado; *b)* questiona diretamente o seu interlocutor; *c)* o interlocutor responde; *d)* Jesus passa à explanação da parábola. Podemos, por isso, afirmar que, até a um nível formal, a parábola cumpre inteiramente essa deslocação de Jesus para o espaço de Simão.

"E voltando-se para a mulher, dizia a Simão: vês esta mulher?": eis uma incisiva enunciação das estratégias espaciais de Jesus! Esse triplo movimento (volta-se para a mulher, fala ao fariseu, ao mesmo tempo que o desafia também a olhar *esta mulher*) consegue a unificação do fio narrativo. Coloca personagens que funcionaram até aqui em dimensões diferentes do espaço a funcionar no mesmo plano. E compara as suas ações, tomando, como limite temporal, a entrada em casa do fariseu, num jogo fortíssimo de evocações que vai conduzir a narração ao seu ponto culminante.

No *terceiro quadro* (v. 48-50), temos por parte dos comensais um movimento semelhante ao de Simão no v. 39. Diante da declaração de perdão que Jesus faz à mulher inominada, eles assinalam o seu distanciamento crítico, afirmando a sua oposição unicamente no espaço interior ("entre si"). A sua discordância, porém, não dissuade Jesus de dirigir-se uma vez ainda à mulher (e temos, como no v. 44, a preposição "para"), para anunciar-lhe a que parecia, no início da narrativa, a mais improvável e distante das notícias: a salvação.

A fórmula final de despedida, "vai em paz", apresenta-nos ainda uma preposição "em", que já aparecera duas vezes antes (v. 36; v. 44), referida à casa do fariseu, e que aqui aparece referida à paz. A paz é o novo espaço que a declaração de Jesus abre à vida daquela mulher.

O espaço de Jesus

À semelhança das preposições, temos também na perícope uma série de formas verbais com uma ligação direta ao espaço:

v. 36	tendo entrado; reclinou-se à mesa
v. 37	estava à mesa
v. 38	colocando-se
v. 39	toca
v. 44	tendo-se voltado; entrei
v. 50	vai

Quando se alinham os verbos ligados ao movimento espacial, a primeira grande surpresa é perceber que eles se concentram em torno de Jesus: ou descrevem uma ordem sua ("vai") ou uma ação de que ele é tanto sujeito ("tendo entrado", "reclinou-se", "estava à mesa", "tendo-se voltado", "entrei") como objeto ("o toca"). Do dono da casa esperar-se-ia tal intensidade de movimentos, mas de um hóspede!

A verdade é que o anfitrião se refugiou no estatuto de observador. Manifestou um primeiro desejo de proximidade com Jesus, mas a presença inesperada daquela mulher desconcertou-o nos seus juízos acerca do hóspede. Ante o que via suceder, reportou-se ao seu espaço íntimo para aí expressar livremente as suas dúvidas e salvaguardar a integridade das suas perspectivas. Colocar-se a uma certa distância dos outros tem um significado: a distância que Simão estabeleceu revela a sua atitude. Mas será que a intensidade de movimentos de Jesus é simplesmente porque o fariseu lhe deixou todo o espaço disponível?

A mulher também tem limitações na ação espacial. O espaço dela na narração está, de uma forma muito clara, circunscrito a Jesus. É verdade que ela penetra e partilha o espaço comum da casa do fariseu, mas como se verdadeiramente não tivesse uma autonomia de movimentos e funcionasse, por opção deliberada, num modo subsidiário: ela coloca-se atrás de Jesus; toca os seus pés; mas é ele que se volta e lhe fala. A sua deslocação tem por motivo Jesus e a mulher não se dispersa, orientando-se na direção dele, ou sendo orientada por ele ("vai em paz"). Seria, por acaso, a dependência dessa personagem em relação a Jesus a desencadear a necessidade de uma atividade acrescida por parte dele?

Cremos que se trata ainda de outra coisa. Jesus atua não no sentido de suprir o silêncio ou a necessidade dos outros personagens. Jesus atua na revelação de si mesmo (não é isso, aliás, que esperam as outras personagens?). Se o narrador concentra nele os verbos ligados a uma intervenção no espaço, é porque Jesus é o motivo e a questão, é aquilo que está em jogo. Entra legitimamente (por convite) na casa do fariseu, acolhe a ação da intrusa, estabelece de sua iniciativa um diálogo com o anfitrião ("Simão, tenho uma coisa a dizer-te"), introduz no espaço linguístico corrente um outro corpo linguístico (o da parábola), ousa comparar a atitude do fariseu com a da mulher e anuncia a esta o perdão. Jesus opera no espaço segundo aquilo que lhe é próprio.

O desequilíbrio que os verbos espaciais evidenciam, entre a atuação de Jesus e das outras duas personagens, não se justifica apenas pelo papel de ator principal nos inesperados acontecimentos que ocorrem em torno da mesa. Jesus não atua mais vezes: atua de maneira diversa. E isso se prende, fundamentalmente, com aquilo que ele é.

Tanto o fariseu como a pecadora têm uma imagem de Jesus. Na verdade, para o anfitrião, Jesus não é um hóspede casual. Simão experimenta diante dele o conflito das expectativas, estuda-o silenciosamente para perceber se ele é um profeta. A mulher nada diz, mas o seu procedimento dramático não esconde o seu quê de suplicante, pois, chorando, pretendemos impressionar alguém, sensibilizá-lo para a nossa situação. Não sabemos exatamente que imagem a pecadora inominada faz de Jesus, mas percebe-se que ela confia e conta com ele.

O desequilíbrio na ocupação espacial tem, porém, que ver com uma realidade mais profunda que o texto, pouco a pouco, nos leva a perceber. A condição de Jesus não é equivalente à dos seus interlocutores na narrativa. Ele é aquele que diz, com a autoridade de Deus, "os teus pecados estão perdoados". É verdade que isso provoca assombro e recusa por parte dos comensais ("quem é este?"), mas o episódio, na sua orgânica narrativa, está inequivocamente da parte de Jesus e confirma-o (por exemplo, é a ele que a narração atribui a última palavra). Este fato que "desequilibra" o texto, abre-o a uma nova dimensão. É como se Jesus representasse, por aquilo que ele é (e que o texto progressivamente manifesta), um outro espaço dentro do espaço.

Pensar o espaço em Lc 7,39-50 é tornar-se sensível à dissimetria que Jesus representa, uma espécie inevitável de distorção que impregna o texto de densidade e de surpresa: no espaço previsível da casa do fariseu, deparamo-nos com o imprevisível da revelação de Jesus. A presença de Jesus transforma a simplicidade segura daquele espaço doméstico, num complexo sistema de atração/retração que aprofunda, aos olhos do leitor, o significado da identidade e da missão daquele hóspede extraordinário.

O puro e o impuro: a problematização do espaço

Se atendermos à acusação íntima que o fariseu faz a Jesus, podemos considerar que o conflito tem origem num motivo espacial. De fato, Jesus não parece interessado em salvaguardar as devidas distâncias espaciais em relação à mulher e permite que ela o toque. Essa interseção do espaço das duas personagens ateia a polêmica.

Em jogo está a fronteira entre o puro e o impuro e o risco da contaminação. Deve dizer-se que, em Israel, a impureza não era prerrogativa exclusiva de nenhum tipo de pessoas: a grande maioria delas padecia a maior parte do tempo de impureza corporal. A impureza é, portanto, universal. Explica a antropóloga Mary Douglas:

> Na Bíblia todas as várias causas de incidente – dos juramentos violados às maldições, do entrar nos lugares sagrados à mentira e ao furto: tudo transgressões que nós tendemos a tratar separadamente – caem sob a alçada da impureza. Pode-se pensar nela como numa fratura da existência: de um lado Deus, com tudo quanto ele estabelece; do outro, inevitavelmente e necessariamente, a impureza.

O problema é manter a pureza, visto que, como recorda o Livro dos Números (19,22), tudo aquilo em que o impuro toca, torna-se impuro. A mulher é, desde o primeiro momento (v. 37), nomeada como pecadora. Apesar de tudo, essa é uma formulação genérica, e o termo tem uma reconhecida flexibilidade. Mas, para um fariseu, o pecador é, antes de mais, alguém que não respeita os ordenamentos farisaicos de uma vida "separada" de quanto, física ou moralmente, pode ser dito impuro. Por isso, a questão primeira de conflito que o texto coloca é a da pureza.

A pecadora inominada entra em casa do fariseu, desloca-se para Jesus, atravessa o espaço daquele, toca-o. Do ponto de vista do fariseu, contamina-o. É assim que ele lê as lágrimas e os gestos dramáticos da mulher. De alguma forma, o fariseu procura distanciar-se, protegendo-se do que se está a passar. O seu silêncio pode ser interpretado como um propositado alheamento: ele não quer intervir numa cena da qual discorda profundamente e que o obriga a estabelecer um distanciamento em relação ao próprio hóspede.

A questão da pureza/impureza problematiza o espaço. Este torna-se segmentado, sem circulação entre as partes. E o dilema, no discorrer do fariseu, é que Jesus não se aperceba disso. Será, mais tarde, o próprio Jesus a esclarecer o assunto, pois no perdão anunciado à mulher, o medo da contaminação perde toda a razão de ser. Mas isso o fariseu Simão não sabia.

O espaço semântico do perfume

Para com o espaço físico (ao contrário do espaço simbólico e actancial) não parece que Lc 7,36-50 tenha tido especial preocupação. Estabeleceu, logo na abertura, uma determinação geral: estamos em casa do fariseu pelo motivo de uma refeição, e o resto é deixado à participação do leitor. Não se avançam pormenores do ambiente físico, nem se sabe sequer que comidas se serviram à mesa. O texto traz a marca de um grande despojamento espacial, talvez porque não faz depender a sua verosimilhança da presença de objetos e de descrições. A sua natureza é eminentemente dramática: arranca os seus efeitos muito mais da tensão das ações e dos diálogos, em estilo direto, que da acumulação de elementos característicos a funcionarem como uma encenação.

Contudo, há na nossa perícope um objeto, um único. E, como nos ensina a ver Italo Calvino, "desde que surge um objeto na narração, ele reveste-se de uma força especial e torna-se uma espécie de polo de um campo magnético, nó de uma rede de relações invisíveis".

Já Vladimir Propp, na sua obra sobre os contos maravilhosos russos, colocara em relevo as grandes virtualidades de um objeto no desenvolvimento das intrigas. É verdade que nos contos tradicionais trata-se de um objeto mágico (uma espada capaz de derrotar exércitos, um anel que guarda poções de vida e de morte, um lenço...), mas, mesmo aí, está sempre suposta uma outra característica "mágica" fundamental: no fundo, um objeto não passa de um dispositivo linguístico a serviço da intencionalidade transformadora da ação narrativa. É por isso que numa narração um objeto é sempre uma presença especial. Ora, o objeto aqui em jogo é o vaso de perfume, transportado pela mulher.

O alabastro de perfume

Comecemos pelo continente: um alabastro. Por esta denominação os antigos designavam vasos de forma especial, e particularmente destinados a guardar perfumes. No seu artigo do *Dictionnaire de la Bible*, J. Thomas refere a utilização da fórmula "alabastro de perfume" em autores gregos como Heródoto e Luciano e a sua tradução latina, "*alabaster plenus unguenti*", por Cícero ou Petrônio. "Alabastro de perfume" é também a expressão que encontramos em Mt 26,7 e Mc 14,3, no relato da unção.

Em consonância com aquilo que se passa no mundo oriental, o perfume registra uma vasta presença nas tradições bíblicas. Tem uma utilização sagrada reconhecida (ao longo dos séculos, o sacrifício de perfumes desempenhou na liturgia do Templo um lugar sempre maior), mas também um uso profano e social (o emprego de perfumes constitui um dos ritos para expressar cordialidade, traduzindo a alegria do encontro comum, ao mesmo tempo que sinalizava a honra do hóspede). É exatamente esse uso que nos interessa.

Os perfumes são um sinal importante da alegria de viver: "óleo e perfume alegram o coração", diz-se em Pv 27,9. Têm um âmbito pessoal, "mirra e aloés perfumam as tuas vestes" (Sl 45,9), e coletivo, "ungem-se com o melhor dos óleos" (Am 6,6). A propósito da mesa, o seu emprego integra as regras do convívio nos banquetes e de acolhimento na hospitalidade. "Para os banquetes realiza-se a unção com óleo perfumado. Quando se convida um hóspede, começa-se por lhe perfumar a cabeça; é considerado uma grave falta de delicadeza omitir a apresentação de uma ampola de óleo perfumado para o seu convidado", escreve E. Cothenet.

No episódio de Lucas, há uma discussão sobre a hospitalidade, na ocasião de um repasto. No v. 46, Jesus realiza uma contraposição entre a mulher e o fariseu: Simão nem óleo ofereceu para a cabeça do seu hóspede, enquanto a mulher derramou perfume sobre os seus pés.

Schlier defende que o "alabastro de perfume", de que se fala, não é um simples unguento, como em Mc 14,3, onde se acrescenta a especificação de nardo. Esse perfume seria "óleo de mirra", uma espécie preciosa de óleo que nos aparece indicada em Est 2,12. E isso tornaria, segundo ele, mais clara a contraposição, pois esta sublinha "a diferença entre o fariseu, que não honra o seu hóspede, nem nas formas ordinárias, e a pecadora que cumpre essa mesma função servil com generosa prodigalidade". Mas parece-nos que a grande contraposição que Jesus elabora não parte tanto da qualidade do perfume, quanto da qualidade do gesto que a mulher desenvolve.

O perfume como espaço biográfico

Encontramos na literatura grega sobre os banquetes a referência ao perfume como um dos elementos presentes nessas celebrações. E já aí o perfume não é simplesmente um perfume. Ele pode ter um caráter consolador, como nos deixa supor um verso de Alceu: "Sobre esta cabeça que sofreu tanto/ derrama perfume"; ou um uso terapêutico associado ao comer e ao beber; ou pode até ilustrar, simbolicamente, o ideal de vida de um homem, revelando-o assim intimamente. No Banquete de Xenofonte, quando Lycon interroga Sócrates sobre qual deve ser o perfume de um homem, ele não hesita: o da virtude. O perfume ganha uma densidade existencial e moral: pelo perfume chega-se ao âmago de uma personagem.

Atendamos ao caso de Lc 7,36-50. A mulher inominada, uma pecadora da cidade, sabendo que ali está Jesus, transporta um objeto, o alabastro de perfume. E, primeiramente, dir-se-ia que esse objeto como que passa despercebido. De fato, nos passos que a tradição considera paralelos (Mt 26,8;

Mc 14,4; Jo 12,5), o debate centra-se em torno do perfume, por causa do seu valor ou pela oportunidade da unção realizada, enquanto, na perícope lucana, não se tecem quaisquer comentários acerca dele.

Contudo, quer em relação ao triângulo das personagens principais, quer, em última análise, ao próprio texto, o perfume vai jogar um papel importante na determinação daquele espaço interior onde as identidades se definem. Comecemos pela mulher. No v. 37 ela é caracterizada por dois elementos: 1) a sua condição de pecadora; 2) o alabastro de perfume que ela transporta. E é sintomático que o fariseu se centre no primeiro elemento e Jesus no segundo. Para o fariseu a grande questão é que ela, sendo pecadora, não poderia, por motivo de impureza, tocar em Jesus (v. 39). Mas Jesus fixa-se no dom que a mulher transporta: interpreta (e realiza) o potencial de transformação que ele representa e refere-o como uma falta ao seu anfitrião (v. 46).

Por outro lado, na comunicação sem palavras que a mulher mantém com Jesus, o perfume ganha um valor icônico. O seu referente semântico é o odor. Um referente sutil que flui como uma espécie de pretexto para a intimidade se expressar, para o pacto autobiográfico acontecer. Atrás dele seguem-se memórias, confidências silenciosas, lágrimas... Ele entreabre, por assim dizer, o mundo secreto das identidades ou ajuda a tornar evidente o espaço interior. Se, como escreve Bernard Marcadé, os perfumes "são uma espécie de epifanias da alma", a mulher derrama não apenas perfume sobre os pés de Jesus, mas o dialeto silencioso e pungente da própria existência. O perfume está no lugar dela. Ela está no perfume.

Em segundo lugar, o perfume trazido é pertinente, porque a sua presença permite a Jesus aludir simetricamente a uma ausência: Simão não lhe ofereceu óleo para a cabeça. O modo sarcástico do breve versículo inicial significa que, do ponto de vista do narrador, não aconteceu nada mais de extraordinário que mereça ser contado, além da chegada de Jesus e do seu reclinar-se à mesa. O que não quer dizer que não pudesse ou devesse ter acontecido. O relato está costurado em silêncios que, pouco a pouco, vão sendo revelados. E um dos "silêncios", relativamente ao fariseu, prende-se com o perfume. E do mesmo modo que o perfume é um artifício revelador do espaço dos sentimentos, a sua ausência é um sintoma caracterizador.

Num olhar comparativo entre a nossa perícope e os outros dois relatos lucanos de comensalidade com fariseus (11,37-54 e 14,1-24), é notória a diferença de registro. O episódio que estamos a abordar tem um caráter quase íntimo, é descrito como um acontecimento privado, se bem que, depois, percebamos que esse espaço era partilhado por outros comensais. Mas a sageza do relato está nesse recortar de personalidades únicas num processo complexo e fascinante de revelação.

Podemos interrogar essa diferença entre os relatos de comensalidade deste modo: por que é que Lc 7,36-50 não se transforma também depressa numa diatribe? A resposta podia estar na presença do perfume, não por acaso, trazido àquele espaço por uma intrusa; não por acaso, atribuído naquele espaço a Jesus. O perfume vai permitir a Jesus o discurso sobre a hospitalidade. Isso é muito importante, porque o perfume é verdadeiramente o único elemento dos rituais de hospitalidade e é aquele que permite entender, nessa linha, elementos de outra ordem, como sejam as lágrimas e os cabelos. Por isso mesmo o narrador anuncia o alabastro de perfume no v. 37, embora, depois, a unção ocupe o último lugar na sucessão dos gestos da inominada. Mas o perfume permite entender a sua atividade num determinado registro.

E falar de hospitalidade (e de não hospitalidade) é centrar as atenções sobre o hóspede. O perfume, que define assim a natureza do nosso texto, é um dispositivo a serviço da revelação de Jesus.

VI
DO TEMPO CRONOLÓGICO AO TEMPO DA REVELAÇÃO

Em termos do uso das categorias temporais, Lc 7,36-50 é um texto notável. Na sua articulação principal, parece adotar uma disposição conforme à ordem cronológica, embora a inclusão de algumas anacronias torne tudo muito mais complexo. As antecipações discretas que o costuram, organizam um significativo jogo interno (pensemos na relação entre a parábola e o desfecho do relato), ao mesmo tempo que conferem ao texto qualquer coisa de profético (a pergunta final "quem é este?" ecoará por todo o Evangelho). Mas as anacronias centrais são aqui as evocações. A primeira surge para identificar a mulher inominada, logo no v. 37: "E eis uma mulher, que na cidade era uma pecadora". É uma evocação externa, pois estão em causa acontecimentos e informações anteriores ao texto, mas importantes, pois será exatamente essa condição (a do pecado) o objeto da transformação narrativa.

Mas a rememoração (ou *rappel*) que Jesus efetua em vv. 44-47, repetindo, por suas palavras e na sua versão, os acontecimentos já anteriormente narrados no v. 38, será decisiva. Aí as ações da mulher para com Jesus foram acompanhadas de um estratégico silêncio. Por um lado, esse silêncio aumenta o impacto da ação, o leitor pode seguir a cena sem nenhuma interferência. Por outro, essa aguda ausência de palavras como que nos deixa suspensos à espera de reações: primeiro chega a do fariseu e, passado um tempo, chega a de Jesus.

Quando Jesus fala, sentimos, de fato, que "passou um tempo". O que na avaliação de Simão foi conformismo a um quadro legal, sociorreligioso, que lhe impunha um juízo previsível da realidade, na de Jesus foi liberdade de acolher sem preconceitos, começar de novo. O que Simão tomou por desconhecimento e equívoco, era uma relação de verdade ardente, absoluta, capaz de salvar. O "tempo" que sentimos ter passado não é, portanto, o daqueles instantes que mediaram as duas intervenções, mas uma qualidade nova de tempo, o tempo messiânico inaugurado por Jesus.

Os vv. 44-47 são uma repetição assumidamente pessoal, onde o "eu" que conta (e Jesus é aqui narrador) se envolve. É tudo menos um mero decalque do passado. Basta alinhar lado a lado as duas unidades para detectarmos as linhas de continuidade e as de inovação. Chamemos *segmento A* ao v. 38 e *segmento B* aos vv. 44-47.

Segmento A: é um texto que mantém uma velocidade narrativa corrente, sem pausas. A fluência do ritmo faz-nos concentrar na cena. Há um encadeado lógico das ações e um surpreendente modo de as executar: banhar (com as lágrimas), secar (com os cabelos), ungir (com o perfume trazido), o que prende sobremaneira o leitor, que, ao mesmo tempo, espera e não espera aquilo que se segue.

Podemos também classificar a narrativa de econômica, pois não se dispersa noutros elementos ou personagens. Tudo é mostrado em grande plano.

Segmento B: se a economia era um traço distintivo de A, como que é abandonada pelo *segmento B*. Passa-se do "grande plano" para o "plano de conjunto": convoca-se outra personagem (Simão), estabelecem-se paralelos, liga-se o tempo daquele passado ao presente e, de maneira implícita, ao futuro, tenta-se perceber a realidade como um cosmo orgânico, em vez de um conjunto de microcosmos solitários e indiferentes.

O que em A era contenção, agora é expressão da subjetividade do narrador de segundo grau que é Jesus. A narração torna-se mais longa, logo, o tempo da ação é mais lento. O leitor é convidado a demorar-se. No v. 45, as cinco palavras gregas que mostraram o acontecimento em A, aumentam para onze! E com uma intensidade temporal iterativa! No *segmento A*, a mulher (apenas) beijava-lhe os pés, no *segmento B* ela não parou de lhe beijar os pés.

Esse v. 45 coloca também, como referimos anteriormente, o problema da ordem de entrada das personagens. O dito de Jesus faz supor que a mulher tenha entrado antes dele ou, pelo menos, simultaneamente, pois explica, "desde que eu entrei". Mas o v. 37 obriga-nos a fixar uma entrada posterior à de Jesus, pois ele é o único motivo pronunciado para a aparição da pecadora. Então como interpretar Jesus?

Ora, Jesus não diz "desde que ela entrou", mas "desde que eu entrei". A questão não é o tempo da entrada da mulher, mas o da sua própria entrada. Quando é que Jesus entra na narrativa? Objetivamente, no v. 36. Mas como centro escolhido da história, Jesus entra quando entra essa mulher pecadora que soube que ele ali estava e se vem colocar atrás dele. É nesse momento que Jesus entra em cena, de um modo tão intrigante que obriga as outras personagens a definirem-se em relação a ele e ao seu estatuto. O tempo de Jesus não é o cronológico, mas o tempo da Revelação.

A crise do tempo histórico e o tempo da salvação

Há o tempo das ações, que muitas vezes é um tempo verbal ou adverbial que testemunha aquilo que as personagens realizam, mas há também um tempo das personagens, na medida em que a existência se identifica com a temporalidade. A vida tem sempre uma qualidade a assinalar, uma quantidade de tempo determinada. Compreender uma personagem é ser sensível ao fenômeno de temporalidade (de temporalidades, porque são plurais as dimensões do tempo) que a atravessa.

A narrativa é uma operação sobre o tempo. O romancista Italo Calvino chamava-lhe "um encantamento que atua sobre o correr do tempo", pensando sobretudo nas formas de duração (a contração ou a dilatação). Mas há ainda outra forma: uma transparência ou filigrana que a consciência empresta ao tempo, à medida que ele é contado, e que pode ser chamada de revelação.

Por que é que Lc 7,36-50 é uma narrativa de revelação? Porque o tempo da narração está fortemente orientado para as personagens, interessando-se pelos detalhes que lhes respeitam, enquanto os acontecimentos são reduzidos a um papel subsidiário. É, a esse nível paradigmática, a reação do fariseu àquilo que se passa no v. 38: ele centra imediatamente o problema não naquele incidente em si, mas no modo como esse o obrigava a redefinir o conhecimento que tinha sobre a identidade do seu hóspede. O tempo ganha assim um papel determinante no processo revelador das personagens. E as personagens (ou uma delas), por sua vez, determinarão a natureza do tempo.

Pelo v. 37 nós sabemos que a mulher "na cidade, era uma pecadora". No monólogo interior do anfitrião (v. 38), percebemos que o seu desempenho presente não altera, antes confirma essa condição. Mas no v. 48 Jesus dirige-se a ela dizendo: "estão perdoados os teus pecados". O efeito dramático da perícope é também extraído dessa coexistência, no mesmo tempo narrativo, de qualidades diversas de tempo. O tempo da acusação e o tempo do perdão estão sabiamente intrincados, de tal modo que a manifestação do segundo desconstrói completamente o primeiro.

No v. 36 o fariseu convida Jesus para a mesa da sua casa. Esse verbo conjugado no presente do indicativo dá-nos uma imagem positiva da hospitalidade do fariseu. Mas depois do que diz dele Jesus, nos vv. 44.45.46, esse presente hospitaleiro sai muito relativizado.

A imagem de Jesus também se altera ao longo do tempo da narrativa. No v. 39 o anfitrião, diante do que via, duvidava se ele seria profeta. Mas os seus convivas, no v. 49, diante do que veem, perguntam: "quem é este que até perdoa pecados?". Caracterizando-se ambas as intervenções por um distanciamento em face do hóspede, a verdade é que elas representam tempos qualitativamente diferentes.

Podemos dizer que o processo da revelação, em Lc 7,36-50, é conseguido pela dialética, primeiro escondida e, depois, progressivamente manifestada, entre dois tempos: o tempo histórico e o tempo da Salvação. O tempo histórico é o gerido pelas expectativas e apreensões do anfitrião. É um tempo construído por códigos semânticos anteriores a essa situação narrativa, mas que funcionam para ela como o dispositivo de juízo. Esses códigos explicam-nos o que é uma pecadora, qual a relação entre justos e pecadores, o que é o legal e o interdito, o que é um profeta etc. E, do ponto de vista do tempo histórico, o desenrolar da ação embate imediatamente com um bloqueio ou mesmo uma cisão. À luz dos códigos operativos, a realidade está errada. Não é por acaso que o fariseu se refugia em si próprio, como quem se defende no baluarte estável da sua ordem de valores.

De uma forma que se tornará mais clara, à medida que o raconto avança, nós percebemos que o "tempo da Salvação" desencadeia a crise do "tempo histórico". Porque a realidade que parecia errada, afinal, está certa, lida com a gramática nova que Jesus introduz, tal como aquilo que parecia correto revela-se afinal insuficiente.

Se durante a perícope os dois tempos coexistiram, gerando com isso aquela tensão perfeitamente admirável que domina o texto, o desenlace apresenta o triunfo do "tempo da Salvação". É verdade que apenas à mulher Jesus diz "a tua fé te salvou". Porém, sabemos que ela, aqui, é figura de todos aqueles que acreditarão.

VII DA PARTE PARA O TODO: COMO POR UM SÓ CAPÍTULO SE RELÊ O EVANGELHO

Enquanto personagem, Jesus é construído gradualmente pelo processo narrativo. Fato que em nada se intromete com a prioridade temporal que, obviamente, Jesus tem sobre o Evangelho. Não é a existência histórica de Jesus que se pretende observar, mas a sua revelação narrativa, urdida por alguém que, mais do que uma simples biografia, pretendeu avizinhar o leitor da misteriosa e inalienável singularidade da sua pessoa. Há, assim, que se deixar conduzir por traços de caracterização que estão dispersos no relato, por aquilo que a personagem diz e faz (ou, simplesmente, por aquilo que ela silencia), pela interação com os outros atores e o modo como estes a descrevem, pelos aditamentos e comentários do narrador.

É verdade que, para o leitor de Lucas, nos três primeiros capítulos do Evangelho, tinham sido já definidos os traços fundamentais que caracterizam Jesus. Os traços são aí afirmados com uma limpidez determinativa: Jesus é designado, em modo maximalista, na sua condição de Filho de Deus (1,35) e de Cristo Salvador (2,11). Esses delineamentos, porém, são referidos num tempo antecipatório, prévio à realidade que está para se consumar. Não por acaso, o tempo verbal ou a construção sintática da caracterização de Jesus, nesses capítulos, apontam o futuro (1,32.35; 2,10.35; 3,17).

A segunda parte do Evangelho, que descreve o ministério terreno de Jesus até à sua Páscoa, torna visíveis os traços apontados no anúncio, mas não todos. A velocidade narrativa, em que a caracterização de Jesus foi antes efetuada, cede lugar a uma lentidão quase embaraçosa. E o que era uma certeza inquestionada é mostrado como um enigma cuja solução vai sendo esclarecida sim, mas por uma via nunca completamente isenta de ambiguidades. Pelo tecido da narrativa correm, a par, uma irresistível curiosidade por Jesus e um cortejo de imagens contrárias e divergentes a seu respeito. É aí que o capítulo 7, aquele onde se aloja o episódio que elegemos, se situa.

A sua particularidade pode ser enumerada em alguns pontos sucintos que merecerão desenvolvimento:

A) Numa secção muito preocupada em restringir a ação de Jesus a uma parte do território de Israel, um gentio declara uma fé em Jesus superior à manifestada pelos judeus (7,9), colocando assim, em questão, a validade dessa fronteira simbólica. E relança, com o que declara, o motivo da autoridade de Jesus, que vinha a ser colocado, com insistência, nos capítulos anteriores.

B) Confirmando traços da tipologia profética, como a própria análise textual o demonstra, Jesus ressuscita o filho da viúva de Naim. "Todos", então, o proclamam não apenas profeta, mas "grande profeta" e visitação de Deus ao seu povo. Em Nazaré, "todos" (4,28) haviam recusado a Jesus o estatuto de profeta que ele reivindicava. Estamos perante uma inversão cujo significado a narrativa não deixará de explorar.

C) As interrogações acerca de Jesus vinham pontuando o seu caminho. Agora como que são sintetizadas e elevadas ao seu ponto decisivo: quer pela natureza da pergunta ("És tu aquele que há de vir ou devemos esperar outro?"), quer pelo estatuto do inquiridor, João Batista. Por sua vez, a resposta de Jesus recupera para a compreensão do seu ministério categorias proféticas, numa linha de continuidade com Nazaré. Abrindo, porém, o pano para uma outra realidade. O que nos faz detectar na argumentação de Jesus uma retórica de persuasão que dispõe os auditores a aceitar aquilo que dele é declarado inaceitável por fariseus e escribas: come e bebe na companhia de pecadores.

D) É possível Jesus ser o profeta escatológico proclamado e, ao mesmo tempo, aceitar a presença de uma pecadora, não fazendo conta aparente do seu pecado? – é o dilema que o capítulo nos reserva para o final. O seu anfitrião fariseu diz que não. Contudo, esse é o momento culminante da revelação de Jesus, como aquele que perdoa os pecados e pode inscrever na história a salvação.

A nossa tarefa é agora mostrar como esses itens se tornam traves mestras da cristologia narrativa que Lucas propõe.

Motivos da caracterização de Jesus

Ao longo do capítulo 7, afluem diversos motivos que, provindos de etapas narrativas anteriores, vão conhecer uma nova perspectivação e relançar a questão do conhecimento de Jesus. Os motivos encadeiam-se uns nos outros, agregam-se à maneira de pequenas constelações, concorrendo para uma notável harmonia narrativa, que se desenvolve sem sobressaltos, de forma progressiva. Há uma linha elíptica que ultrapassa determinados motivos, para os recuperar mais adiante, num adensamento de significado, pois tudo na narração converge para um centro. Que motivos são esses?

A autoridade manifesta na ação taumatúrgica de Jesus

Estando doente o servo do centurião, de um mal que o poderia levar à morte (7,2), Jesus é solicitado a intervir em seu auxílio. A solicitação é concretizada por alguns dos anciãos dos judeus (7,4), que atestam a honorabilidade e a abertura religiosa daquele pagão que lhes havia construído a sinagoga ("É digno", garantiam). À primeira vista, essa mediação parece dever-se, simplesmente, ao fato de o centurião ser um gentio, logo, alheio à fé e às promessas, mas o texto guarda surpresas no seu desenvolvimento.

A solicitação taumatúrgica dirigida aqui a Jesus é plausível, porque entre os poderes que o caracterizam, no relato lucano, está efetivamente o de curar. A sua ação, proporcionando a libertação de males que atormentam o homem, configuram-no como taumaturgo, atuando com sucesso sobre doenças (4,37-40; 5,12-26; 6,6-11; 7,1-10; 8,43-48; 13,10-17; 14,1-6;

17,11-19; 18,35-53), demônios (4,33-36.41; 8,26-39; 9,37-45), forças destruidoras da natureza (8,22-25) ou a própria morte (7,11-17; 8,40-42.49-56). Não há debilidade que Jesus não consiga vencer, mesmo quando a enfermidade dura há vários anos (8,43;13,16) ou o mal se torna irreversível (8,49). Uma energia salutar é tão patente nele, que o relato quase a personifica: "E o poder do Senhor estava com ele para curar" (5,17); "saía dele um poder que a todos curava" (6,19); "bem sei que saiu de mim um poder " (8,46). Essa sua fama espalhava-se cada vez mais, e muitos o procuravam para serem curados das suas enfermidades (5,15).

Contudo, como escreve Oepke, se fora do cristianismo os milagres são, de modo geral, contados por si mesmos, nos relatos evangélicos "a narração visa sempre a alguma coisa que objetivamente está fora do milagre". O milagre fornece o enquadramento, mas é o que emerge a propósito do milagre que acaba por capturar o enfoque da história. Essa característica torna-se bem manifesta nesse episódio. O centurião manda novos emissários com uma mensagem que passa, imediatamente, a ser o centro da perícope (7,6): "Senhor, não te incomodes, pois não sou digno que entres debaixo de meu teto". O realce é, agora, aplicado não tanto à carência/cura do servo, mas à condição que ele reconhece em Jesus, tão elevada, que o faz sentir-se indigno da sua visita. Aquele que os chefes dos judeus garantiam digno de ser atendido, credibilizando-o assim como personagem autorizada, declara que não é digno, suficiente, merecedor, capaz da proximidade de Jesus. Se podemos dizer que a palavra "digno/capaz" é um termo favorito de Lucas (3 vezes em Mateus; 3 vezes em Marcos; 10 vezes em Lucas; e 18 vezes nos Atos dos Apóstolos), o vocábulo aplicado em primeira pessoa ocorre apenas em duas passagens: a do Batista, em 3,16, explicando a sua subalternidade em relação a Jesus ("do qual eu não sou digno de desatar a correia das suas sandálias"); e, precisamente, essa do centurião.

Curiosa a fórmula de argumentação utilizada: "Pois também eu estou sob uma autoridade". Ele, que tem soldados e meios de poder às suas ordens, considera que Jesus atua sob uma autoridade superior à sua e crê que lhe bastará dizer uma palavra para o servo ser salvo.

Uma inédita autoridade

Não só o agir e o falar de Jesus o caracterizam como alguém com autoridade, como ele parece atribuir-se, a si mesmo, uma autoridade que lhe seria própria. Jesus não é o simples intérprete da Torá ou das Tradições dos Pais, mas sim um protagonista que se tornará intrigante, precisamente pelo modo como se apresenta "poderoso em obras e palavras" (24,19). No ensinamento que desenvolve, não apela ao prestígio dos mestres que o precederam e contraria mesmo aquilo que se julgava fixado (11,38-48). Em relação ao repouso sabático, por exemplo, adota uma atitude que se desvia das prescrições, tal como quanto à pureza ritual. Ele não depende das instâncias históricas que representavam a autoridade, nomeadamente a religiosa. Retoma, certamente, a Lei (16,17), mas à sua maneira (6,3; 20,41-44) e sem lhe parecer submetido (10,22). Escolhe os discípulos com autoridade, e os mandata, pedindo-lhes uma ligação incondicional e exclusiva à sua pessoa (9,57-62). Não admira que tudo o que lhe diz respeito, inédito pelo poder que reclama, tenha sido, do princípio ao fim do seu ministério público, questionado na sua autoridade (4,32.36; 20,2); tenha suscitado perplexidades e conflitos (5,21.30; 6,2.9; 13,14) que dão conta da dificuldade que os vários atores sentem em compreender e aceitar Jesus.

O problema da autoridade, no Judaísmo do tempo de Jesus, era já de si uma questão candente, e vinha provocando acentuados contrastes. Não se consegue compreender a total significação de Jesus sem aludir à crise de autoridade em que o Judaísmo do seu tempo se debatia, ameaçado por uma aculturação ao mundo greco-romano. Num contexto de crise como aquele, a autoridade tornara-se uma questão decisiva, espelho de fragilidades e ambivalências. Escreve Gerd Theissen que a prática simbólica de Jesus (e ele refere sobretudo os exorcismos e a relação com o Templo) materializa a sua liberdade e criatividade em face do complexo jogo de equilíbrios do seu tempo. Perante as doutrinas e a prática dos vários partidos judaicos que representavam, a vários níveis, uma gestão da autoridade, mesmo havendo pontos de contato, Jesus permanecerá um corpo estranho. Surge reivindicando uma autoridade, mas não uma autoridade institucionalmente delegada.

O termo "autoridade" comparece no relato evangélico em 4,6, pela primeira vez. E é na boca do diabo, que tenta Jesus: "A ti eu darei toda esta autoridade...". Jesus, no entanto, recusa prostrar-se diante dessa oferta, pois é a Deus que está referido. De fato, Lucas revela ao leitor, desde o início, a existência de Jesus no impacto da autoridade do Altíssimo, e como manifestação do Espírito que o conduz. E, ao longo da narrativa, Poder, Autoridade e Espírito assomam indissociáveis no retrato que Lucas vai traçando dele, explicando a autoridade inédita com que realiza o seu programa. Mas essa linha de afirmação (que é de Jesus e do narrador, fundamentalmente) não é óbvia para os restantes. Por isso se avolumam dúvidas das multidões, escândalo dos adversários!

Que valor atribuir às curas feitas por Jesus?

É nesse contexto que se inscreve a declaração do centurião, partindo do ordenamento militar para deduzir a natureza da autoridade de Jesus. Sob que autoridade está Jesus, o centurião não o diz senão implicitamente. Cabe a Jesus a tarefa hermenêutica. E realiza-a de um modo dramaticamente impressivo, pois, avança-nos o relato, que Jesus ficou espantado, fato único em todo o Evangelho. O que é comum é que sejam os outros a admirar-se pelo que se diz sobre Jesus (2,33) ou, como no caso da sinagoga de Nazaré, com o que ele próprio afirma (4,22). A admiração de Jesus enfatiza o significado da exclamação que faz em seguida (7,9): "nem mesmo em Israel encontrei tamanha fé". Sem dúvida que a cura do servo do centurião é importante, e ela é referida na conclusão do episódio (7,10), mas essa peripécia funciona mais como moldura (7,2-4.10) do verdadeiro foco de interesse narrativo que é a peculiar autoridade de Jesus. E se essa se torna objeto de fé, significa que é no horizonte divino que o poder e a identidade daquele taumaturgo se devem esclarecer.

No mundo helenístico-judaico, do seu tempo, não faltam taumaturgos divinos e humanos, mas a ação de Jesus tem traços distintivos fundamentais: *a)* Jesus não realiza os sinais pelo recurso a técnicas ou a procedimentos mágicos; *b)* esses sinais acontecem unicamente pela força da sua palavra; e a narrativa encarregar-se-á, posteriormente, de mostrar que Jesus age numa dimensão escatológica em que o Reino de Deus prevalece contra todas as oposições; *c)* é pela fé que o crente identifica não só o poder taumatúrgico de Jesus, mas o próprio Jesus. O centurião acredita que basta uma palavra de Jesus para que o servo revigore, mas também declara que, por aquilo que Jesus é, não se considera digno da sua visita.

Os sinais surgem, assim, como atos seletivos que testemunham uma tarefa messiânica, certamente, mais vasta. Jesus não curou todos os aflitos que cruzaram o seu caminho, nem deu visão a todos os cegos, nem purificou todos os leprosos do seu tempo. Mas, nesses atos singulares, o leitor pode entrever o rosto daquele que opera uma mudança qualitativa da realidade, uma vitória sobre as fatalidades que aprisionam a existência, não como uma remota hipótese apocalíptica, mas como um fato presente. Conservando a sua dimensão futura, as curas assinalam e significam ao mesmo tempo a inscrição do Reino de Deus no presente, no corpo ferido e aprisionado do presente. Funcionam como uma recategorização escatológica do real. O grande valor narrativo destas é constituírem limiares confirmadores de um futuro iminente, insinuação da promessa, confirmação da esperança.

Enquanto sinais, porém, precisam ainda ser complementados, pois não se livram de uma margem de ambiguidade, traduzida no Evangelho pela contrastada reação das multidões e dos adversários de Jesus: as primeiras glorificavam a Deus e seguiam Jesus, enquanto os segundos acusavam Jesus de utilizar um poder demoníaco (11,15). Isso mostra como a chave para interpretar esses sinais terá de ser o próprio Jesus e a totalidade do seu destino.

VIII

JESUS ERA OU NÃO UM PROFETA?

Em 7,11 assinala-se o início de um novo episódio, com uma marca de sucessão temporal, outra referência geográfica e distintas personagens. Estamos também perante um episódio de cura, mas dessa vez mais radical, pois, se o servo do centurião estava para morrer (7,2), o filho único daquela viúva havia falecido (7,12). É como se o poder de Jesus se fosse manifestando em crescendo.

O cortejo que acompanha Jesus encontra o cortejo fúnebre às portas da cidade. Aqui é Jesus quem toma a iniciativa, pois o irremediável tinha acontecido e ninguém importuna já o Mestre (cf. 8,49). Humanamente não há nada a fazer. A esperança dera lugar às lágrimas e ao luto! Por isso, porque se haviam esgotado as possibilidades de solução a um nível histórico, ao conceder a palavra a Jesus, no v. 13, o narrador tem uma intromissão muito significativa, que importa analisar de perto: "E, vendo-a, o Senhor compadeceu-se por ela...".

O narrador nomeia intempestivamente, e, pela primeira vez, Jesus como "Senhor", título que depois repetirá em 7,19; 10,1.39.41; 11,39; 12,42; 13,15; 16,8; 17,5.6; 18,6; 19,8; 22,61; 24,3.34. Se tivermos em consideração que, durante o seu ministério público, vários atores se dirigem a Jesus utilizando o vocativo "Senhor" (o centurião do episódio anterior, 7,6; e também em 5,8.12; 6,46), hesitamos quanto ao âmbito do seu significado: constituirá uma mera expressão de cortesia? Terá um sentido religioso? Contudo, parece-nos justo o que defende Joseph Fitzmyer: quando Lucas escreveu a sua narração passou já o tempo suficiente para que mesmo o vocativo transmita a convicção da transcendência de Jesus. Assim, percebemos que sendo a percepção da identidade de Jesus, como defendemos, o ingrediente fundamental desse capítulo 7 e de toda a intriga evangélica, o leitor é guiado nesse processo pelo narrador, que emerge como um autorizado e comprometido guia da história de Jesus. De fato, o narrador lucano não parece interessado em efetuar um relato imparcial, nem Jesus é para ele apenas mais uma personagem. Aquilo que nem os discípulos nem as multidões ainda disseram, o narrador antecipa.

De relevar também é o verbo escolhido pelo narrador nessa sua intromissão: Jesus compadeceu-se. O verbo, que expressa um sentimento de misericórdia em altíssima intensidade, tem nesse passo a única aplicação ao nível principal do relato, já que as outras duas comparências são nas parábolas do bom samaritano (10,33) e do filho pródigo (15,20). Há uma componente divina nessa misericórdia, atestada também pela forma substantiva que surge em 1,78, precisamente no cântico de Zacarias que coloca em paralelo a figura messiânica de Jesus e profética do Batista, e como atributo divino. Parece um aceno fundamental ao motivo que vai emergir em seguida, quando Jesus tiver ressuscitado o rapaz: "Um grande profeta surgiu entre nós: Deus visitou o seu povo".

Quem é o sujeito dessa proclamação? O relato diz "todos" os presentes, a saber: numerosa multidão que tinha vindo com Jesus (7,11), bem como a grande multidão da cidade que acompanhava o cortejo fúnebre (7,12), mas também os discípulos (7,11). Tal significa que 7,16, sendo uma declaração de fé da multidão, é também a primeira profissão de fé dos discípulos e, de fato, é dela que, depois, se partirá, por exemplo, para o aprofundamento que a profissão de 9,18-20 representa.

Representar Jesus como profeta

O capítulo 7 representa Jesus partindo do paradigma profético. E não apenas nos três momentos emblemáticos: a proclamação de 7,16, que agora vimos; a pergunta do Batista em 7,20 e a problematização do fariseu em 7,39, a que chegaremos. Desde já, interessa-nos sublinhar que o modo como o paradigma se embrenha no texto é muito mais totalizante.

Quintiliano dizia que a arte literária consiste, em grande parte, na imitação ("... *artis pars magna contineatur imitatione*"). Essa *imitatio*, à época de Lucas, não era algo de raro ou especializado, mas uma prática difusa, já que os confins, de obra para obra e de autor para autor, eram muito mais fluidos. Em vez da explicitação de uma dependência, a retórica em voga advogava uma sutileza na aplicação tipológica, de modo que fosse o leitor a descobri-la. "Nesse sentido" – escreve Aletti – "os subentendidos tipológicos do Evangelho são tão hábeis, senão mais, que as alusões aos autores gregos feitas por Fílon, Tácito ou Suetônio." Há assim uma disseminada atmosfera em que umas coisas apelam a outras e nada pode ser menorizado, pois, entre pormenores, signos secundários, índices que se diriam insignificantes, vêm a estabelecer-se paralelos candentes, que contribuem para a construção que o leitor progressivamente vai fazendo de Jesus.

Uma linha de diálogo retrospectivo pode estabelecer-se entre a tessitura de Lc 7,1-10 e, por exemplo, 2Rs 5, que conta a cura que o profeta Eliseu realiza de um gentio, o sírio Naamã. As duas passagens sublinham, como exemplos de crença, indivíduos estrangeiros à fé e às prerrogativas do povo eleito. Avançando até ao final do capítulo, podemos escrutar uma vizinhança entre a cena lucana da mulher pecadora (Lc 7,36-50) e duas cenas do ciclo de Eliseu (2Rs 4,1-37), a mulher endividada e a sunamita. É verdade que no Antigo Testamento temos a libertação de um débito financeiro (vv. 1-7) e a realização de uma cura física (vv. 8-37), enquanto, no Novo Testamento, o que se dá é a absolvição de uma dívida moral e um restabelecimento espiritual. Mas, entre o discreto e o flagrante, há um conjunto de elementos que corroboram a hipótese da dupla pertença: semelhanças verbais (o termo "credor", usado em Lc 7,41, é hápax em todo o Novo Testamento e aparece quatro vezes apenas na LXX, uma das quais em 2Rs 4,1); enquadramentos contíguos: uma mulher convidava o profeta para comer em sua casa e o fariseu convidava Jesus; os protagonistas, em ambos os casos um/o profeta e uma mulher; outros referentes narrativos, como o óleo, as bilhas, a hospitalidade, a carência, a dívida. Como bom escritor helenista, Lucas utilizou aqui técnicas de absorção e transformação das passagens do Antigo Testamento, plasmando-as em sentido cristão.

No entanto, o paralelo mais poderoso é aquele que aproxima a ressurreição do filho da viúva de Naim (Lc 7,11-17) da ressurreição do filho da viúva de Sarepta (1Rs 17,7-24). O relato de Naim, sem correspondentes nos outros sinóticos, revela bem a especificidade lucana nessa caracterização de Jesus à luz do modelo profético.

Nas duas ocorrências trata-se do filho único de uma viúva; o acontecimento dá-se às portas da cidade; o ressuscitado é entregue à mãe; o taumaturgo é saudado (como profeta, Jesus; e como homem de Deus, Elias). Diz Gils: "as fórmulas literárias atestam a dependência de Lucas em face da narração consagrada a Elias".

É claro que estamos sempre perante uma composição lucana – as formas verbais e proposicionais, as exclamações e os adjetivos refletem amplamente a mão de Lucas. Mas há uma consciente pretensão de avizinhar essa ação de Jesus do paradigma de Elias. Por isso também o desfecho do v. 16, onde o Senhor é proclamado "um grande profeta".

Na peripécia veterotestamentária, o milagre é relatado para demonstrar que Elias é um verdadeiro profeta de Deus: "Eis que reconheço que tu és um homem de Deus e que a palavra do Senhor na tua boca é verdade" (1Rs 17,24), confessa a viúva em conclusão. No texto lucano há uma espécie de desprivatização desse reconhecimento e o narrador diz que "todos" proclamavam a identidade profética de Jesus.

Da rejeição de todos ao reconhecimento de todos

Se, em 7,16, se diz que "todos" proclamaram Jesus, em 4,28 tínhamos assistido exatamente ao oposto: "todos" se haviam enfurecido contra a autoproclamação profética de Jesus. Essa inversão da situação narrativa atesta bem o papel central que a matéria do capítulo 7 desempenha na arquitetura do Evangelho, revisitando o essencial da jornada de Nazaré, mas não deixando de inscrever uma progressão. Vejamos como.

Lucas delineara o episódio em Nazaré (4,16-30) como um momento nuclear da sua construção narrativa de Jesus. Essa cena tem uma colocação peculiar no terceiro Evangelho, logo ao início (outras são as opções de Marcos, 6,1-6, e de Mateus, 13,53-58), numa espécie de pretendida investidura da personagem principal, mesmo tendo o narrador consciência de anteriores atuações de Jesus. Assomam aqui, em antecipação, várias funções ou traços cristológicos importantes, que, ao longo da narrativa, Jesus vai realizar. Um dos mais significativos é o motivo "profeta".

Jesus lê a passagem do Livro de Isaías (Is 61,1-2): "O Espírito do Senhor está sobre mim, porque ele me ungiu". O exegeta Ignace de la Potterie, referindo o fato do *targum* dos profetas interpretar Is 61,1 no sentido da unção profética, propõe uma tradução ainda mais explícita para o versículo: "O Espírito de profecia que pertence ao Senhor Deus está sobre mim...". Para ele é claro que "aplicando a si próprio esta passagem, Jesus apresenta-se como um profeta que vem anunciar ao povo a Boa-nova da salvação". Mas, ainda que isso não fosse suficientemente manifesto desde o primeiro versículo, sê-lo-á no modo como Jesus conclui a leitura e na peripécia narrativa que se lhe segue. Na verdade, no v. 21, Jesus anuncia a realização da profecia: "Hoje cumpriu-se aos vossos ouvidos esta passagem da Escritura". Com essa premência, sublinhada pela colocação do advérbio de tempo ("hoje") à cabeça da cláusula, Jesus declara-se em relação com o paradigma profético. As reações não tardarão!

No decurso desse episódio, Jesus recorre não só ao modelo de Isaías, mas também ao de Elias (vv. 25-26) e de Eliseu (v. 27), definindo-se, implícita, mas nitidamente, com o título de profeta (v. 24): "Em verdade vos digo que nenhum profeta é bem recebido na sua pátria". De fato Lucas, na composição textual relativa à jornada de Nazaré, apresenta Jesus com as fórmulas que descrevem as personagens carismáticas. Hawthorne chama a atenção para o fato de, neste v. 24, aparecer pela primeira vez, no terceiro Evangelho, a expressão "Em verdade vos digo", que reivindica uma autoridade centrada no estatuto do falante e que Lucas parece aqui entender como uma fórmula profética. E Gils, no espanto dos auditores de Jesus pelas palavras cheias de graça que saíam da sua boca, salienta não o charme do seu discurso, mas uma reação que assinala a manifestação carismática, inspirada e profética.

Mesmo a sua rejeição pelos Nazarenos, no final dessa peripécia, é reveladora para a identidade de Jesus. A tessitura narrativa é de tal maneira eficaz que recicla as próprias oposições, os contrastes polissêmicos, as margens de ambiguidade e as interrogações que gestos e palavras de Jesus despertam. A reverberação que provocam no auditório acaba por obter um ulterior esclarecimento ou uma extensão do seu significado. Quando os ouvintes de Jesus (4,28) "se encheram todos de ira", por Jesus se autocaracterizar segundo o modelo do profeta perseguido, e tentam eliminá-lo, mais não fazem que corroborar, ainda que involuntariamente, o discurso de Jesus.

Na etapa de Naim (7,11-17), recuperando quanto aconteceu na jornada de Nazaré, utiliza-se não só o substantivo "profeta", mas também o adjetivo "grande". É verdade que, como recorda O. Cullmann, esse fato é insuficiente para dizer que Jesus foi enfatizado como o profeta dos tempos últimos, pois esse nunca vem caracterizado com o epíteto de grande. Segundo o autor, tratar-se-ia simplesmente de incluir Jesus na categoria genérica dos profetas. Contudo, a precedente notificação à participação dos discípulos na proclamação, o recurso tão ostensivo ao modelo literário de Elias, na elaboração lucana do relato e, sobretudo, aquilo que imediatamente se segue, a embaixada de João Batista, obrigam-nos a considerar que a declaração aponta, de alguma maneira, para aquela realidade.

"És tu aquele que há de vir?"

Na cena seguinte (7,18-30), João é informado do que agora corria acerca de Jesus e a sua reação é significativa. Manda os seus discípulos perguntar a Jesus (7,20) se ele é "aquele que há de vir". Essa expressão é uma fórmula tipificada, tal como o atestam importantes passos da tradição profética. Em Dn 7,13, "e eis sobre as nuvens do céu como um Filho de Homem vinha"; no oráculo de Zc 9,9, "eis que o teu rei vem a ti"; no Sl 118,26, "Bendito o que vem em nome do Senhor"; em Ez 21,32, "até que venha aquele a quem pertence o julgamento". O Batista não está simplesmente a perguntar se Jesus se situa na linha profética. O fundo veterotestamentário, a que ele alude, aponta noutra direção, muito mais definitiva. Concordamos, por isso, com a tese de Jacques Dupont que vê na interrogação do Batista o fito de saber se Jesus era ou não o "soberano do fim dos tempos, perspectivado nas suas funções, quer de juiz supremo, quer de rei davídico".

Na sua resposta a João, em vez de dirimir a questão com uma simples afirmativa, Jesus ordena, antes, que reportem a sua atividade. E precisa os termos dessa informação, termos propositadamente escolhidos para adaptar-se às manifestações proféticas descritas no Livro de Isaías (estamos perante seis alusões aos seguintes textos – Is 35,5-7; 29,18-19; 61,1-2): v. 22 – cegos veem, coxos andam, leprosos são purificados e surdos ouvem, mortos ressuscitam, pobres são evangelizados.

Referem-se acontecimentos vários do seu ministério na Galileia: a purificação do leproso (5,12-16); a cura do paralítico (5,17-26); o horizonte das bem-aventuranças (6,20ss); a ressurreição do filho da viúva de Naim (7,11-17). Há ainda a alusão à cura de cegos na adição do v. 21, se bem que anteriormente não exista nenhuma descrição, o que revela a preocupação lucana de mostrar que Jesus cumpriu todas as obras citadas na sua resposta.

A posição final da evangelização aos pobres concede-lhe uma proeminência semântica. É o único item que não designa uma atividade especificamente miraculosa, mas todas as expressões anteriores se podem resumir nesse anúncio messiânico a quantos se apresentam necessitados da intervenção e do socorro de Deus. Na proclamação que Jesus fez na sinagoga de Nazaré, ele vem à cabeça dos atributos que a sua presença realiza (4,18). E, de fato, esse anúncio é uma espécie de fio condutor de toda a atividade de Jesus. Nele cabe também o ensinamento em Cafarnaum (4,31ss); as numerosas curas (4,40ss); a relação com os discípulos (5,1ss); as refeições com os pecadores (5,29ss); as bem-aventuranças (6,20ss); as parábolas (6,39ss). Como explica Jesus aos discípulos, em 4,43, "é para isso que fui enviado".

Particularmente significativa é a conclusão da resposta ao Batista (v. 23), sob a forma de um macarismo: "e feliz daquele que não se escandalizar por causa de mim". Regra geral, o termo "feliz, bem-aventurado" aplica-se para exprimir a felicidade daqueles que são admitidos à salvação messiânica, à participação no Reino de Deus, de modo que há uma grande harmonia com o contexto anterior e uma intensificação. O ponto central da afirmação de Jesus coloca o reconhecimento do seu ministério (v. 22) e a adesão a ele próprio (v. 23), como condições para a experiência da felicidade dos tempos messiânicos. "A primeira parte da resposta afirma simplesmente que os tempos messiânicos começaram; a advertência final coloca explicitamente a pessoa de Jesus no centro destes tempos de salvação", escreve Dupont. O impacto do discurso direto de Jesus, sublinhado pela força pronominal do "por causa de mim", atesta que a aposta do narrador é colocar o leitor perante a automanifestação de Jesus.

Com essa resposta à pergunta de João Batista, que tinha sido formulada a partir do paradigma do Elias *redivivus*, Jesus de alguma maneira escapa a uma identificação expressa. Se olharmos com atenção para o momento anterior, essa desadequação vinha já acontecendo: o narrador lucano busca, por um lado, a comparação com Elias, por outro sabe que essa comparação não esclarece por inteiro a identidade de Jesus. Jesus é mais do que Elias. Comparando a ressurreição do filho da viúva de Naim com a do filho da viúva de Sarepta, o narrador diz-nos que Jesus tem uma palavra cheia de autoridade, pois ela basta para ressuscitar o rapaz, enquanto Elias tem de cumprir todo um ritual. Por outro lado, em Naim, explica Karimattam, "Jesus enfrenta a morte e emerge vitorioso conduzindo o rapaz anteriormente morto para a vida, uma antecipação da sua própria ressurreição". E é nesse movimento proléptico que surge, no relato, o título de "o Senhor", atribuído pelo próprio narrador a Jesus. Essa desadequação prepara-nos para o que se segue.

Jesus e João Batista em face da tipologia de Elias

A comparação ou síncrise, um procedimento literário muito comum na Antiguidade, constitui um instrumento privilegiado de caracterização das personagens: é, recorde-se, uma comparação entre os actantes, com a finalidade de salientar, entre eles, diferenças ou semelhanças. Que seja um dos recursos estilísticos mais utilizados pelo narrador da obra lucana, mostra bem quanto Lucas está imerso na cultura literária do seu tempo, é um grande escritor helenístico, e rentabiliza os meios que estão ao seu alcance.

A relação entre João e Jesus ocupou um lugar-chave na secção do Evangelho da infância pela sua apresentação em forma de síncrise, comparação e contraste. O mesmo anjo Gabriel aparece a Zacarias (1,5-25) e a Maria (1,26-38). Mas Zacarias duvida da sua palavra (1,20), enquanto a mãe de Jesus crê (1,38.45). Isabel supera a esterilidade (1,57) e Maria, sendo virgem, dá à luz (2,7). Mas João é profeta (1,76), e Jesus é o Messias de Deus (1,35). Gerindo uma série de traços de caracterização, Lucas vai explicitando progressivamente a diferente condição e vocação das duas personagens.

Um dos sinais mais claros do papel que a geografia joga, em Lucas, na construção das personagens é o caso da fixação do ministério de João num território circunscrito. João aparece-nos espacial e temporalmente limitado à área do Jordão (Lc 3,1-20), enquanto Jesus trilha um caminho que da Galileia, passando pela Judeia, culmina em Jerusalém. Outra particularidade lucana reside, por exemplo, no fato de João não ter uma participação direta no início do ministério de Jesus, pois convenientemente não é nomeado na ocasião do batismo de Jesus (3,19-21). Como escreve Darr, "o leitor do Evangelho de Lucas é manipulado pelos artifícios retóricos para subordinar João a Jesus, na hierarquia dos mensageiros de Deus".

Nos outros dois sinóticos há uma identificação entre Elias e João Batista. João reproduz o espírito penitencial de Elias (Mc 1,4; Mt 3,11); veste o manto de pele dos profetas (Mc 1,6; Mt 3,4); e cumpre o papel de precursor do Messias que estava atribuído ao Elias *redivivus*. O próprio Jesus, em Mt 11,14, declara: "Ele é o Elias que deve vir"; e os discípulos chegam à conclusão de que, ao falar do "Elias que está para vir", Jesus está a referir-se ao Batista (Mt 17,13). Lucas, porém, defende Swaeles, com as suas omissões, os seus silêncios e a sua particular orientação "atenua fortemente a tipologia do Batista como novo Elias". É corrente considerar-se que, em face dos seus paralelos, Lucas concede a João Batista uma função mais circunscrita. Nesse sentido, Swaeles recorre à palavra "desescatologização", para dizer que a figura lucana do Batista corresponde mais à pregação histórica dos profetas veterotestamentários que à linha escatológica do profeta do fim dos tempos. E Conzelmann restringe a práxis de João à utilização da expectativa pelo tempo do Julgamento como acrescida urgência de arrependimento (Lc 3, 7-9); e à proclamação da exigência divina de maior justiça social (Lc 3,10-14). É verdade que, em Lc 1,17, se diz de João, "ele caminhará à sua frente, com o espírito e o poder de Elias", mas o evangelista não deixa de ser coerente com a sua perspectiva, "já que não identifica o Batista com Elias (cf. Mt 11,14; 17,12), mas o coloca revestido com o espírito de Elias".

É Jesus quem realiza, na sua pessoa e missão, traços característicos do Elias escatológico. Para lá da alusão explícita na jornada de Nazaré (Lc 4,25-26), há um paralelismo entre os relatos da ação de Jesus e a do profeta Elias. Um muito importante, porque justamente incluído no capítulo 7, aproxima, como vimos, a ressurreição do filho da viúva de Naim (Lc 7,11-17) da acontecida em Sarepta (1Rs 17,7-24).

A solução de Jesus para os limites do paradigma profético

Mas, sendo assim, levantam-se importantes problemas à narração lucana. Como harmonizar essa declaração explícita de Jesus como profeta, se no Evangelho da infância quem é dito profeta é João (1,76)? Que diferença existe entre o profetismo de Jesus e o de João? Que função cumpre, afinal, o Batista no caminho de Jesus? Cremos que o capítulo 7, e nomeadamente o segmento da embaixada de João a Jesus (Lc 7,18-23), ajuda a esclarecer essas questões.

O próprio Jesus, no discurso de 7,24-35, liga explicitamente João Batista à função de Elias, mas não só. Diz que é sobre ele que está escrito: "Eis que eu envio o meu mensageiro à tua frente, ele preparará o teu caminho diante de ti" (v. 27). Essa citação mistura duas passagens, Ml 3,1 ("Eis que vou enviar o meu mensageiro para que prepare um caminho diante de mim") e Ex 23,20 ("Eis que envio um anjo diante de ti para que te guarde pelo caminho e te conduza ao lugar que tenho preparado para ti"). E a dificuldade é que também mistura duas imagens. Em relação a Malaquias, há uma mudança da pessoa verbal, da primeira para a segunda pessoa. O sentido no profeta é de um mensageiro que o próprio Deus enviará à sua frente. Mais tarde, ainda em Malaquias (3,23), o mensageiro passa a ser Elias, que vem preparar a visita escatológica do Senhor. Como diz Bock, a chave da questão está no recurso implícito a Ex 23,20, texto relatado na segunda pessoa, sobre um tema caro a Lucas, o "novo êxodo". João é, na afirmação de Jesus, esse "anjo" que chega primeiro ao povo para prepará-lo para a vinda do Senhor. Jesus é "aquele que está para vir" e a resposta que dá ao Batista, pela enunciação das suas obras, significa que ele encara a si mesmo como a chegada do *éskaton*. Enquanto "João Batista foi chamado para preparar o povo para a chegada do *éskaton*".

Um sinal confirmador importante é que ambos conhecem o mesmo destino de rejeição, mesmo se por razões opostas. João é rejeitado pelos "homens desta geração", porque na sua austeridade viam uma forma de possessão diabólica. Enquanto Jesus é acusado de ser "um glutão e um ébrio, amigo de publicanos e de pecadores" (v. 34). Martin Hengel vê nessa acusação uma reminiscência de Dt 21,20, onde o filho desobediente é "glutão e ébrio", acusação gravíssima que, de alguma maneira, nos remete para o desfecho trágico do destino terreno de Jesus.

Por sua vez, o v. 35 apresenta uma diferença importante com o paralelo de Mateus. Mt 11,19 diz que a sabedoria será justificada pelas suas obras. Para Mateus, o próprio Jesus identifica-se com a sabedoria, e justifica-se pelas próprias obras. O passo lucano (v. 35) apresenta uma diferença importante. Diz que "a sabedoria é justificada por todos os seus filhos". A expressão "filhos da sabedoria" é invulgar. Encontramo-la em Eclo 4,11 ("A sabedoria eleva os seus filhos e cuida dos que a procuram"), mas não a ideia de uma sabedoria justificada pelos seus filhos. Dificilmente essa frase lucana pode ter qualquer aplicação direta ao Batista ou a Jesus. Então, como entendê-la? Em Lc 7,29 diz-se que todo o povo que escutou a pregação de João, mesmo os publicanos, proclamou a justiça de Deus, quer dizer, literalmente, justificou a Deus, fez justiça ao seu anúncio. O que significa que também aqui, no v. 35, os publicanos e os pecadores justificaram a sabedoria divina, porque acolheram Jesus. Justificar significa reconhecer a salvação de Deus manifestada na vinda de Jesus.

É fundamental notar como é o próprio Jesus a resolver o problema que se levanta quanto à extensão da categoria de profeta. Por um lado, é verdade que Jesus recorre a esse paradigma, como temos visto. Mas também é claro que Jesus afirma a superação dessa categoria, mesmo em relação a João Batista. O v. 26 resumia isso de forma eloquente: "Então que fostes ver? – pergunta Jesus. Um profeta? Eu vos afirmo que sim, e mais que um profeta". Ora, se é assim para João, que aparece claramente numa posição subordinada a Jesus, quanto mais não será para Jesus! Da síncrise com o Batista sai reforçada a superioridade da sua condição.

Resumindo: a João Batista é conferido um lugar muito importante na construção da personagem Jesus. Não apenas pelo alcance messiânico-escatológico que a sua figura tem, conectada com a obra de salvação do Messias Jesus, mas pelo impacto que a pergunta que ele formula tem no plano da narração (7,20): "És tu aquele que há de vir ou devemos esperar outro?". João não se considera o Messias, mas consente na possibilidade de que Jesus o seja. O narrador lucano associa assim João ao grande motivo da percepção da identidade de Jesus. A sua interrogação representa um progresso no questionamento, até aqui vago e difuso, que das multidões partia. João quer saber se Jesus é "o que há de vir". E essa designação, cheia de ressonâncias veterotestamentárias (Ez 21,32; Sl 118,26; Dn 7,13), unida à resposta que Jesus lhe envia (no fundo, o relato do cumprimento do programa messiânico de Isaías), torna-se num momento charneira da revelação da identidade do protagonista. É sintomático que, após a formulação da resposta por parte de Jesus, o relato se desinteresse pela conclusão da tarefa dos enviados. Isso mostra, escreve Maurice Goguel, que mais decisivo ainda que a preocupação pela historicidade do episódio é o fato da questão colocada por João ser relatada do ponto de vista de Jesus e não do inquiridor.

Depois do capítulo 7, quando as referências a João Batista se tornam puramente alusivas (9,7-9.19), surgem ainda outras referências ao nexo entre Jesus e Elias. Mas em todas se detecta a instabilidade que Jesus inscreveu no modelo profético. Em 9,8, fazendo eco das opiniões que circulam sobre Jesus, diz-se: "É Elias que reapareceu". Mas também aí essa declaração é imediatamente relativizada. No relato da transfiguração (9,28-36), Elias e Moisés, os dois profetas misteriosamente desaparecidos deste mundo, participam da glória de Jesus e falam com ele sobre o seu êxodo que estava para cumprir-se, mas desempenhando claramente um papel subsidiário da figura central que é Jesus. No início da subida para Jerusalém (9,51), o termo assunção alude provavelmente ao arrebatamento de Elias descrito em 2Rs 2,9-11. Em 9,54 temos um paralelo com 2Rs 1,10-12, quando Tiago e João, diante do mau acolhimento de uma povoação samaritana, perguntam a Jesus: "Queres que ordenemos que desça fogo do céu para consumi-los?", e aí é o próprio Jesus que contraria a semelhança com o gesto de Elias. Em 12,49, a afirmação de Jesus – "Eu vim trazer fogo à terra" – liga-se à tipologia de Elias, descrito desse modo em Eclo 48,1: "Então o profeta Elias surgiu como um fogo, sua palavra ardia como uma tocha", mas sempre numa tensão superadora. Tal como em 9,59-62, descrevendo as exigências que o chamamento de Jesus coloca aos discípulos, evoca-se a vocação de Eliseu (1Rs 19,19), porém, também se deve reconhecer: o radicalismo que Jesus propõe aos que o seguem é maior do que aquele para o qual Elias desafia Eliseu.

Jesus e a tipologia de Moisés

Mais discreta que o paralelo com João Batista e Elias é a caracterização lucana de Jesus, a partir da tipologia de Moisés. Uma das originalidades redacionais de Lucas nessa abordagem é a secundarização dos aspectos ligados à Lei, em face do "caráter decididamente profético que o evangelista empresta a Moisés", assegura François Bovon. Moisés é considerado o maior dos profetas e vive-se na esperança do surgimento de um profeta semelhante a ele: Dt 18,15.18: "Iahweh teu Deus suscitará um profeta como eu no meio de ti"; "Vou suscitar para eles um profeta como tu". Quando, no Evangelho, se refere que Jesus é um dos profetas, sem referir qual, possivelmente se está a estabelecer uma ligação à figura de Moisés ou do novo Moisés. De modo que essa tipologia pairará também no capítulo 7.

No relato da transfiguração (Lc 9,28-36), Jesus aparece ladeado por Elias e por Moisés, e só na redação de Lucas falam sobre o êxodo de Jesus, outro motivo do esquema mosaico. Já na subida para Jerusalém, há um outro traço de identificação no debate sobre a autoridade de Jesus a expulsar demônios. No paralelo de Mt 12,28 diz-se que Jesus os expulsa pelo Espírito Santo, enquanto em Lc 11,20 se refere que Jesus atua "pelo dedo de Deus", numa alusão ao comentário dos magos egípcios perante as ações prodigiosas realizadas por Moisés em Ex 8,1. No caminho de Emaús, 24,19, tornará a referência mosaica na descrição de Jesus como um profeta poderoso em palavras e em obras. Comblin, estudando o motivo da paz na teologia de Lucas, salienta o amplo paralelo entre o ministério de reconciliação de Jesus e o de Moisés: "É necessário certamente procurar neste paralelismo a razão pela qual São Lucas considera a primeira aparição de Moisés como uma visita de reconciliação. É porque ele concebe a missão de Jesus como uma missão de reconciliação".

Jesus e a superação do paradigma profético

No seu discorrer interior, em 7,39, o anfitrião, retirando consequências da cena a que assiste, comenta: "Se este fosse profeta". A leitura do *Códice Vaticanus* e do *Códice Zacynthius* defende uma lição com o artigo ("Se este fosse o profeta"), que tem a aparência de uma elaboração teológica posterior, visando reforçar o estatuto de Jesus na passagem. Mas o texto, tal como está, constitui matéria suficientemente provocadora. Simão, com um silogismo algo rudimentar, suscita a única passagem do *corpus* sinótico em que, abertamente, se põe em causa a qualidade profética de Jesus (cf. também Jo 7,52): *a)* o profeta conhece a condição moral das pessoas que se abeiram dele; *b)* Jesus não reconhece a pecadora; *c)* Jesus não é profeta.

Qual é a origem desse pensamento de Simão? Na lógica da narração evangélica anterior, ele tem alguma verossimilhança? O que tentaremos mostrar é que, se a caracterização de Jesus como profeta, que acontece nesse capítulo 7, se harmoniza com o contexto narrativo mais vasto, também a relativização do título de profeta desempenha um papel de relevo na construção de Jesus.

No judaísmo palestinense tardio, às portas do Novo Testamento, havia a convicção do profetismo como fenômeno de uma determinada época, considerada clássica, e que, no presente, já não se manifestava. Como recorda R. Meyer, segundo alguns rabinos, o Espírito Santo, quer dizer o Espírito de profecia, é uma das cinco coisas que o Templo salomônico tinha e que o Segundo Templo não tem (as outras quatro são: o fogo celeste do altar, a arca da aliança, os *urim* e *tummim* e o óleo da unção). Embora isso não constitua propriamente uma fratura, pois, para o rabinismo farisaico, é a Lei que contém em si toda a história da Salvação, e os Profetas são subsidiários à Lei, como seus intérpretes, e nem sequer indispensáveis, seja porque a Lei se interpreta por si mesma, seja porque a função hermenêutica da Lei é partilhada também pelos sábios. Mas não deixa de existir uma tensão no judaísmo palestinense: de uma parte, pode referir-se o farisaísmo rabínico, mais inclinado para essa nomística de tipo racional; e de outra parte, quantos, no judaísmo ortodoxo (cf. 1Mac 14,41) e na comunidade heterodoxa de Qumran, alimentavam esperanças por um levantamento profético de tipo messiânico.

À sua maneira essa tensão é retomada na caracterização evangélica de Jesus. Por um lado, parece desenvolver-se uma concepção de Jesus como profeta escatológico, refletida na proclamação em Naim (7,16) ou na cena dos emissários de João (7,18-35). Numa passagem, exclusivamente lucana, 13,33, é aparentemente o próprio Jesus a definir a si mesmo como profeta e a vincular o desfecho do seu destino com os paradigmas da existência profética: "Hoje, amanhã e depois devo prosseguir o meu caminho, pois não convém que um profeta pereça fora de Jerusalém". Mas, por outro lado, esse título de profeta surge-nos como um título funcional, integrado numa reflexão cristológica mais ampla.

Na verdade, podemos dizer, é a complexidade da própria identidade de Jesus que determina a crise do modelo profético. Os "dramáticos mal--entendidos sobre a sua qualidade de profeta e a natureza da visita divina", como aponta M. R. Ternant, radicam no fato de que o título de profeta se torna escasso para abarcar o significado messiânico de Jesus na sua globalidade. Sem dúvida que os arquétipos proféticos citados contribuem para o conhecimento de Jesus, mas de forma a não aprisioná-lo nessas referências, unicamente. A condição paradoxal da identidade de Jesus obriga a transcender o próprio paradigma profético.

Apesar de todas as semelhanças com a tradição profética veterotestamentária, a especificidade de Jesus obriga a que a designação "profeta" lhe possa ser aplicada apenas analogicamente. Pode-se dizer sempre mais acerca de Jesus. Essa é a consciência do próprio narrador lucano, para quem a classificação de profeta feita a Jesus é apenas inscrita no relato do seu ministério na Galileia, pois no Evangelho da Infância, em Jerusalém ou nos Atos, o caráter profético do protagonista como que se esbate, tornando-se irrelevante.

Se é certo que a revelação progressiva de Jesus, que vai acontecendo no terceiro Evangelho, parte de modelos literários e teológicos anteriores, numa espécie de gramática que serve à interpretação da novidade de Jesus, certo é também a relativização e a superação desses pontos de partida.

Em última análise, defende Dawsey, o fundamental é perceber que o próprio Jesus (e o narrador lucano é cúmplice de Jesus) "resiste a todas as tentativas de categorização, e define-se a si mesmo através da sua história".

Voltando ao fariseu, anfitrião de Jesus (Lc 7,36-50): a ele parece-lhe, dada a inesperada peripécia de que fora testemunha, que o título de profeta não é ajustável a Jesus, sendo nisso coerente com a resistência que a comunidade dos fariseus demonstra em passagens anteriores. No seu discorrer interno, essa atribuição popular entra em crise. Um profeta, diz ele, saberia quem é e de onde vem aquela mulher. A inteligente ironia que tece a situação é que o fariseu está certo. Mas a razão que ele possui, é uma razão ao inverso. Jesus não é um profeta, e não por ser menos qualificado que as figuras da tradição de Israel. Não é um profeta porque, em face de sua identidade, essa categoria revela-se insuficiente, ultrapassada. Simão presume que sabe mais acerca da mulher que o próprio Jesus. Jesus há de fazer-lhe entender que sabe mais acerca dele do que ele próprio. E esse saber é revelador do protagonista.

Essa particularidade do texto lucano mostra como os opositores iluminam o mistério de Jesus, mesmo quando contrariam determinadas imagens que para a multidão pareciam já estabelecidas. Essa recusa é um modo de construir a personagem.

O drama do não reconhecimento
e a surpresa de um outro reconhecimento

O capítulo 7 costura um sábio e insistente jogo semântico em torno da ideia de vinda e de visitação. Um dos verbos que expressam o movimento de chegada aparece logo no início, no v. 1, para assinalar a vinda de Jesus a Cafarnaum. Surge depois no v. 6, na formulação negativa do centurião: "não sou digno que entres debaixo do meu teto". E, por três vezes, no episódio final: em v. 36, assinalando a aceitação que Jesus cumpre do convite do fariseu, e nos vv. 44 e 45, para aludir ao acolhimento diferenciado feito a Jesus por parte do anfitrião e da intrusa: "entrei em tua casa... não me ofereceste"; "ela, porém, desde que eu entrei".

Certamente o verbo pode ter uma acepção perfeitamente vulgar: assinala a entrada num determinado espaço, sem nenhuma conotação específica. De fato, no terceiro Evangelho é utilizado várias vezes para referir a penetração no espaço doméstico (4,38; 9,4; 10,5), e também a chegada a uma cidade (22,10), a uma sinagoga (6,6) ou até a uma discussão (9,46). Mas "vir/chegar/entrar" ganha uma outra densidade, quando colocado em relação com outras marcas que assinalam a amplitude de sentido que o capítulo 7 dá à visita/vinda na construção de Jesus. Não se trata de uma simples deslocação, mas de uma manifestação soteriológica da parte de Deus. Na jornada de Naim, os presentes fazem a proclamação da visita de Deus, em duas frases paralelas: 1) Um grande profeta surgiu entre nós; 2) Deus visitou o seu povo. O adjetivo "grande" revela o estatuto particular de Jesus: sendo um profeta, ele não é simplesmente mais um profeta. O seu caráter privilegiado é explanado na segunda parte, "Deus visitou o seu povo". A vinda desse "grande profeta" constitui uma "visita" de Deus. Com este verbo específico, "visitar", Lucas descreve o ministério do Messias configurando-o com a chegada do profeta escatológico. Esse verbo, em Lucas, é apenas utilizado nessa passagem e em dois momentos do *Benedictus*: 1,68 – "Bendito seja o Senhor Deus de Israel, porque visitou e redimiu o seu povo" e 1,78 – "Graças ao coração misericordioso do nosso Deus, pelo qual nos visita o Astro das alturas", duas exclamações de louvor pela irrupção do acontecimento messiânico.

O tema da visita de Deus, caro ao terceiro evangelista, enraíza-se profundamente no fundo veterotestamentário, onde a visita de Deus significa que Deus intervém positivamente na sua história: seja para a reorientar salvificamente (Am 3,2; Jr 6,15); seja para iluminá-la com a gesta da sua misericórdia (Gn 50,24; Ex 4,31; Jr 29,10; Sl 80,15; Zc 10,3); seja para lhe assinalar um termo definitivo, escatológico (Sb 3,7). O nosso capítulo defende diretamente que essa visita de Deus se mostra como realidade cumprida em Jesus.

Um outro passo em que surge o binômio vinda/visita, e com o qual o capítulo mantém ligames prolépticos, é o de Lc 19. A anteceder a entrada messiânica de Jesus no Templo, entrada descrita em 19,45, está o lamento de Jesus sobre Jerusalém (v. 44): "não reconheceste o tempo da tua visita". Isto é, não se deu conta da oportunidade que constituiu a visita que teve Jesus por sujeito. Esse texto culminante reitera um laço histórico fulcral entre o significado divino da visita de Jesus e o não reconhecimento de que ela foi alvo, fato que, com todo o dramatismo, vem já expresso no capítulo 7. Na verdade, o tom de lamento domina a última etapa daquele capítulo. Há como que um pendor dialético que cinde o bloco narrativo. Do recado do centurião à proclamação de Naim e à pergunta trazida da parte de João (7,1-23), registra-se um crescendo na revelação e no reconhecimento de Jesus. Mas, quando os emissários partem (v. 24) e Jesus começa a falar às multidões, atravessa-se o tema da recusa do "desígnio de Deus".

Essa recusa é descrita de maneira muito concreta: prende-se com a rejeição que fariseus e escribas fizeram do batismo de João (v. 30); com as suspeições lançadas contra o Batista de ser um asceta endemoninhado (v. 33) e contra Jesus, por comer e beber na companhia, socialmente inconveniente, de publicanos e pecadores (v. 35). O episódio final (7,36-50), justamente em casa de um fariseu, torna-se um palco onde essa rejeição se torna visível. "Entrei para tua casa" e não me recebeste, diz Jesus ao fariseu que o convidara. Como antes tinha dito aos homens daquela geração: "Tocamos flauta para vós, mas não dançastes. Entoamos lamentações mas não chorastes" (v. 32).

Mas no drama da recusa que é desferida contra Jesus, desenha-se, inesperadamente, em 7,36-50, a isotopia de um reconhecimento que deixa de estar restrito às multidões, aos discípulos ou a João Batista. Jesus de Nazaré torna-se verdadeiramente um caso para as autoridades que o vigiam e menosprezam, não porque há uma continuidade entre ele e o pregador do Jordão, ou porque a ele acorram multidões e discípulos. Jesus torna-se um caso quando são os pecadores a reconhecê-lo, quando Jesus corresponde positivamente aos seus convites e aos seus gestos, quando se deixa "tocar" por aqueles que os outros excluem. Jesus torna-se realmente relevante quando a questão já não é ele ser considerado ou não um profeta, mas sim insinuar-se o fato de que ele perdoa os pecados.

Aqui se percebe os três andamentos, não apenas dois, que estruturam o capítulo 7. Sem o episódio da pecadora inominada, o capítulo podia descrever-se como etapa que conjugava o binômio de um reconhecimento mais preciso de Jesus com a recusa de que ele foi alvo por fariseus e escribas (o Israel dos que se creem justos). A perícope de 7,36-50 adensa verdadeiramente o conjunto, pois mostra a razão pela qual Jesus aceita a dádiva dos pecadores: para que eles aceitem a dádiva que Jesus é. Jesus acolhe o perfume da pecadora e oferece-lhe o perfume da salvação.

A resposta de Jesus: uma retórica de persuasão

É claro que a resposta de Jesus em 7,22, "Ide e anunciai a João o que tendes visto e ouvido: os cegos veem, os coxos andam, os leprosos são purificados, os surdos ouvem, os mortos ressuscitam e aos pobres anuncia-se o Evangelho", revela Jesus. É ele próprio quem o certifica. Mas em que medida o manifesta? – perguntamos nós. Que significa a sua identidade poder ser colhida do fluir narrativo das suas ações e ditos proféticos, em favor de cegos, estropiados, leprosos ou pobres?

Talvez um dos modos de colocar aqui a questão seja interrogarmo-nos por que é que toda essa categoria de personagens – o pobre, o cego, o estropiado, o oprimido – essenciais para caracterizar o ministério terreno de Jesus, tem, afinal, uma presença apenas provisória na narrativa lucana, pois desaparece praticamente na narração dos Atos dos Apóstolos. Uma hipótese de resolução antecipada é que a Páscoa proporcionaria aos discípulos o pleno conhecimento de Jesus, exatamente o que agora falta. Como tal, torna-se necessária uma retórica de persuasão que nos abeire do mistério da sua pessoa. Essas personagens desempenham aí uma função.

As personagens que formam aquela constelação, sobretudo visível durante o ministério na Galileia, não chegam a ser desenhadas individualmente, mas funcionam como personagens-tipo: normalmente anônimos, pobres, vulneráveis, a quem não se acusa uma responsabilidade pela sua situação de vida. Não se aprofunda a sua proveniência, nem se seguem as repercussões posteriores na sua história. Não se alude ao seu caráter moral, à sua piedade ou impiedade, à qualidade religiosa das suas escolhas. De alguma maneira, podemos dizer que essas figuras vêm de longe: são personagens que a tradição da LXX fixara como objeto tipificado da ação benfeitora de Deus. Os cegos cuja visão é restaurada (18,35-43); os leprosos que são purificados (5,12-14; 17,11-14); os doentes restabelecidos (5,17-26; 6,6-11; 7,1-10; 8,43-48; 14,1-6); os atormentados por espíritos, sanados (4,33-36; 8,26-39; 9,37-42); os mortos devolvidos à existência (7,11-17; 9,40-42.49-56): todos esses cumprem um programa de revelação cristológica, pois confirmam o estatuto profético-messiânico de Jesus. A audiência é capaz de ler o encontro de Jesus com essa gente, em termos de uma determinada cristologia: "o Jesus terreno é o agente escatológico, cujo ministério expressa narrativamente a intervenção de Deus".

Como o demonstrava a perícope programática de Lc 4,18-19, e amplamente o nosso capítulo 7, a ação de Jesus coaduna-se com aquilo que na tradição profética da LXX aparecia como sinais da irrupção do tempo favorável de Deus, confirmando um estatuto profético para Jesus. Diante do cego posto a ver, do pobre acolhido, do estropiado curado, do morto ressuscitado, a audiência bem pode exclamar (7,16): "Apareceu no meio de nós um grande profeta!".

Mas o título de "profeta", a própria narração o demonstra, não é totalmente adequado para descrever a novidade da pessoa e do ministério de Jesus. Jesus põe em crise, pela sua palavra e ação, o entendimento que dele se fazia como profeta. O seu ministério, pouco a pouco, revelado como cumprimento proléptico dos tempos escatológicos, pede outra designação. A sua presença dá uma verdade total às palavras, "o Reino de Deus chegou até vós" (10,9; 11,20; 17,21), pois é ele quem o instaura como realidade. Jesus não é simplesmente o agente da misericórdia e do socorro divinos. Os "pobres, estropiados, cegos e coxos", que provavelmente viam nele apenas a manifestação profética, Jesus coloca-os com toda a autoridade, nas parábolas, como convivas da "refeição do Reino de Deus". Função que ultrapassa as prerrogativas dos profetas! Em termos da construção de Jesus, a menção que ele fez desses grupos, mostra que detém de fato um estatuto divino em relação ao Reino, pois aparece em condições de falar do Reino por dentro, descrevendo os seus participantes (14,21): "Vai depressa pelas praças e ruas da cidade, e introduz aqui os pobres, os estropiados, os cegos e os coxos".

Concluindo: o uso dessa categoria de personagens é eminentemente persuasivo. Mostra que Jesus, perspectivado pela tradição veterotestamentária, é credível como agente da salvação de Deus. Se é assim, então o que ele diz merece ser escutado, ainda que tal represente o acolher de uma perturbadora novidade.

IX

O ENCONTRO DE JESUS COM OS PECADORES

Na sua atividade, feita de experiências tão polifacetadas, como precisamente o capítulo 7 aponta, para lá do caminho querigmático que se constrói, desvela-se, progressivamente, o enigma de Jesus. O paulatino processo de revelação aí presente muito deve não só ao modo como Jesus acolhe as figuras do pobre de Iahweh, mas também aquela porção do povo da Aliança que os justos não queriam ver, o Israel do pecado (5,29-32). Nesse particular, a perícope de Lc 7,36-50 desempenha, a nosso ver, um papel fundamental.

Não é o primeiro contato que Jesus tem com essa categoria de pessoas, já que "o centro do seu ministério é o chamamento profético dos pecadores para que retornem ao Senhor", como recorda Casey. Ele havia já chamado Levi (5,27-28) e tomado lugar na mesa ao lado de publicanos e pecadores (5,29-32). Mas aí é Jesus quem toma a iniciativa ou se desloca ao território existencial dos pecadores. Em 7,36-50 ocorre algo de inédito. Uma mulher pecadora parte ao encontro de Jesus. Quer dizer, o tráfico relacional Jesus/pecadores subiu de intensidade.

Uma pecadora que nos leva a Jesus

Há algo de paradoxal e ao mesmo tempo de misterioso na procura que essa mulher pecadora realiza. Ela não tem um nome, não tem lugar legítimo naquela circunstância, não é socialmente recomendável (por ser pecadora), não chega a verbalizar coisa nenhuma. A sua existência, enquanto personagem, é completamente subsidiária. No entanto, de todas as procuras, a que ela realiza, é, sem dúvida, a mais dramática, uma viagem que só a fé sustenta. Mais tarde Jesus apresentará, como protótipo fundamental do arrependimento, o filho pródigo, que refaz, por sua iniciativa, o caminho de dissidência que o separa do abraço do Pai (15,11-32). A composição de Lc 7,36-50 ilustra isso já antes, e fá-lo, não no terreno desimpedido da parábola, mas na embaraçante acuidade de uma história de vida.

O caráter não unívoco do gesto dela esboça, como anteriormente vimos, um conflito que só Jesus pode resolver; e, ao mesmo tempo, determina a possibilidade de haver (uma) história. O fariseu e os comensais fixaram-se na condição dela, à entrada do relato e ao fato de ter tocado em Jesus, com risco de contaminação ritual. Mas a missão de Jesus é a de reencontrar os filhos perdidos da casa de Israel. Escreve Étienne Charpentier: ele "não veio para uma classe social, mas para uma categoria de homens: os pecadores".

O problema da pureza/impureza fica relativizado pela emergência desse poder "mais forte" (3,16) de Deus na História, por isso, uma grande transformação pode ocorrer no percurso da mulher. Quando retomar por palavras suas os gestos da inominada, não é de impureza que Jesus fala, mas de hospitalidade e atenção, por que ele se compromete na mudança em processo. E nesse compromisso vislumbra-se a sua autorrevelação.

Que significa para Jesus acolher os pecadores

E. P. Sanders lembra que é um erro pensar que Jesus teve a oposição das autoridades judaicas devido à sua relação com a gente comum ou com camadas social e economicamente mais desfavorecidas do povo. Ele não é, por exemplo, criticado por curar, mas por fazê-lo em dia de sábado (6,6-11; 14,1-6). A polêmica reação das autoridades judaicas, nomeadamente doutores da Lei e fariseus, visava à relação de Jesus com os pecadores. Em relação aos cegos, pobres, estropiados, Jesus era descrito pela sua audiência como "aquele que vem" para fazer a misericórdia anunciada pelos profetas.

Mas, para com os pecadores, a LXX (Sl 11,6; 68,2; 75,8) reservava também uma vigorosa antipatia. Eles eram os "malvados", os que não demonstravam arrependimento.

Quem é esse pecador? O termo pecador é virtualmente uma designação técnica que não se deve aplicar ao povo comum, pois ela parece reservada aos "pecadores profissionais", isto é, àqueles que organizaram toda a sua existência não tomando Deus por referencial. As diferentes opiniões trazem especificações várias. Segundo Joachim Jeremias, a denominação partia de um entendimento feito pelo povo (e não pelos fariseus) e a sua chave estaria na ocorrência do binômio "cobradores de impostos e pecadores", que estabelecia uma equivalência entre ambos. Pecador tinha essa gravidade de uma transgressão moral: *a*) ou porque era culpado de levar a vida de modo imoral; *b*) ou porque praticava uma das profissões consideradas desonradas. Norman Perrin, por sua vez, refere três tipos de pecadores: *a*) os gentios para quem não há esperança de salvação; *b*) os judeus que podem arrepender-se sem especial impedimento; *c*) os judeus que se tornaram por si próprios gentios, para quem o arrependimento se não é impossível, pelo menos, surge como incontornável dificuldade. Westerholm descreve o "pecador" como aquele que, tanto em face das normas morais como das regras de pureza ritual, se constitui em infrator. Sanders liga o termo à conotação bíblica de malvado, perverso, alguém que pecou de modo grave e abominável e que não mostra arrependimento. A categoria de "pecador" é por isso, como recorda D. Neale, bastante ampla e nenhuma definição é exaustiva. Mais do que uma linguagem sociológica e histórica, nós estamos perante uma linguagem religiosa. O "pecador" é aquele cuja vida se opõe à do "justo", habitando num distanciamento existencial de Deus.

Ora, a estratégia lucana é utilizar a credibilidade que Jesus ganhou no seu ministério com os mais pobres do povo para fazer aceitar essa característica "extravagante" do ministério de Jesus: o seu acolhimento aos pecadores. A ação dele com as outras personagens é uma espécie de requisito de credibilidade, o ganhar de credenciais como agente escatológico da salvação.

Jesus traz ao homem o perdão dos pecados. Isso que é talvez insinuado em Lc 4,18, na jornada de Nazaré, e que é associado indiretamente, percebemos depois, no ministério do Batista (3,3; 1,77), torna-se, no relato lucano, a grande novidade do ministério de Jesus. O traço central da mensagem de Jesus é o desafio do perdão dos pecados e a oferta da possibilidade de um novo tipo de relação com Deus e com os outros homens.

Nos sinóticos, conta-se a amizade de Jesus com publicanos e pecadores, demonstrando para com eles o amor de Deus. Os pecadores designam "não já aqueles que se opõem ao anúncio e ao apelo de Jesus, mas a um particular extrato dentre o povo, que ele frequenta habitualmente". Em Marcos, por exemplo, Jesus fala da necessidade do perdão divino (3,28; 4,12; 11,25), mas só por uma vez ele próprio oferece a alguém o perdão (2,1-10).

Lucas toma essas referências (5,17-26) e acrescenta-lhe outras: no episódio da pecadora (7,36-50) estrutura, como vimos, a história em torno do fato de Jesus perdoar pecados, assumindo prerrogativas de Deus. No episódio de Zaqueu (19,1-10), duas coisas chamam a atenção: *a)* Jesus designa Zaqueu por filho de Abraão, isto é, reconduz estes, para quem não havia perdão, à condição de eleitos de Deus; *b)* e descreve implicitamente a sua atividade (procurar e salvar) a partir do modelo do pastor (Ez 34,16). Ele usa essa imagem explicitamente em 15,3-7, na parábola da ovelha perdida, justificando aos fariseus porque comia com os pecadores. O capítulo 15 funciona, aliás, como uma espécie de Evangelho para os perdidos. A mesma imagem (perda e encontro) ocorre na parábola da dracma (8-10) e na do filho pródigo, que descreve a alegria do pai por reaver o filho perdido. Os atos de Jesus (15,1-2) representam a atitude que na parábola tem o próprio Deus (15,7.10.24.32).

A relação de Jesus com os pecadores assume, portanto, a maior importância cristológica no Evangelho de Lucas: "os diversos apelos à metanoia que se escutam ao longo do Evangelho, 5,32; 13,3.5; 15,7.10; 16,30, no fim de contas, apresentam-se como um convite, mais ou menos direto e incisivo, à aceitação/reconhecimento da missão salvífica de Jesus".

O papel fulcral dos pecadores na construção da cristologia

Em Jesus temos a superação da ideia de pecador aplicada restritivamente a singulares ou a grupos. Na nova visão, toda a acentuação da autonomia humana, mesmo sob o manto protetor do culto, do cumprimento da Lei ou da total dedicação a Deus, torna o homem pecador e necessitado da graça de Deus. De fato, o sentido do arrependimento na boca de Jesus não refere simplesmente aquela radical renúncia ao pecado pela esperança do perdão, anunciada por João Batista, mas a emergência de uma nova itinerância, que simbolicamente se revê na deslocação daquela mulher, intrusa e pecadora. Com a colaboração do relato de Lc 7,36-50, acontece um fato importante no ensinamento de Jesus: o pecador deixa de ser o representante de uma categoria social ou religiosa (5,29; 7,36-50) para passar a ser o símbolo do homem carente de Deus. A intrusa é tomada como paradigma do crente.

Todos precisam de arrependimento: "Eu vos digo, se não vos arrependerdes morrereis todos de maneira semelhante" (13,5). A dinâmica de reviravolta das expectativas dos que se têm por justos e conhecedores, ao longo de todo o Evangelho, e a justificação dos que se humilham, manifesta de forma incisiva esse propósito.

O próprio Jesus, sendo-lhes favorável, nunca se identifica com o estropiado ou o cego. Quanto à sua definição há mesmo uma contraposição simbólica em relação à figura do cego (6,39-40). Mas, em relação aos pecadores, registra-se, inclusive, a mais significativa das aproximações: Jesus morre como um pecador – "é preciso que se cumpra em mim o que está escrito: Ele foi contado entre os iníquos" (22,37). Retomando o verso de Is 53,12 na sua inteireza, talvez percebamos ainda melhor o significado das palavras de Jesus: "Eis por que lhe darei um quinhão entre as multidões; com os fortes repartirá os despojos, visto que entregou a sua alma à morte e foi contado entre os iníquos, mas na verdade carregou sobre si o pecado de muitos e pelos transgressores fez intercessão". O escândalo da cruz passa por essa identificação, diz P. Tremolada: "Jesus, inocente, contado entre os iníquos, encontra-se numa relação de misteriosa solidariedade também com eles". Embora o leitor, que conhece Jesus e a sua atitude para com os pecadores, esteja habilitado a ler aquele paradoxal signo de uma outra maneira. Em 23,47, o centurião romano, glorificando a Deus, atesta que Jesus é realmente justo. Nesse quebrar divino das aparências que Jesus promove, o publicano vai para casa justificado (18,14), a mulher vai salva e em paz (7,50), a salvação entrou em casa de Zaqueu (19,9) e ele parte para o Pai na condição de Justo.

Vemos depois que a figura do cego, a do pobre e a do estropiado quase desaparecem dos Atos, enquanto ganha lugar a figura do pecador e a da remissão dos pecados. Foerster recorda que os Atos dos Apóstolos fazem consistir a salvação no perdão dos pecados, de que falam continuamente (3,19.26; 5,31; 10,43; 13,38; 22,16; 26,18). A solução para essa alteração só pode ser cristológica: Jesus agora não é simplesmente o agente da salvação, mas aquele que ressuscitou e foi exaltado à direita do Pai e cujo Espírito conduz à remissão dos pecados. Concretiza-se, desse modo, a missão confiada por Jesus aos discípulos no final do Evangelho: "Assim está escrito que o Cristo devia sofrer e ressuscitar dos mortos ao terceiro dia, e que, em seu nome, fosse proclamado o arrependimento para o perdão dos pecados a todas as nações" (24,46-47). O episódio da pecadora é, portanto, um episódio charneira, porque ilumina prolepticamente toda a novidade de Jesus. Este opera uma legitimação da possibilidade do "pecador" aceder ao Reino e realiza esse inaudito acontecimento aos olhos do leitor.

Aliás, é para este que tudo agora se dirige. Senão vejamos: a pecadora é colocada no centro do relato e perdoada para que parta em paz. Em 15,7.10, Jesus refere a alegria por um só pecador que se arrependa. O arrependimento do pecador é visto como um fato positivo. E ele é aqui recuperado, aos olhos do leitor, no modo como vem descrito. A nós, não nos foi explicado o motivo da ruptura (não sabemos o pecado da pecadora ou a razão da partida do filho pródigo), mas é-nos narrada a psicologia do seu arrependimento. De uma defesa do "extravagante" agir histórico de Jesus, o discurso narrativo passa a uma avaliação positiva do arrependimento do pecador e, paralelamente, a uma valoração negativa da obstinação dos fariseus e dos escribas, insinuando ao leitor que no coração dele é necessário que aconteçam reviravoltas semelhantes.

As barreiras que não permitiam que nos identificássemos com o "pecador" caem. Essa identificação parece-nos mesmo ser um dos objetivos da descrição favorável que Lucas, mais que os outros sinóticos, faz da figura do "pecador" (7,36-50; 13,1-5; 15,1-32). Percebemos, por fim, que na exageração da centralidade da pecadora está uma forma de construir o leitor.

"Quem é este que perdoa pecados?"

Em 7,36-50, os dois títulos utilizados pelos opositores de Jesus mantêm entre si uma tensão assinalável: o primeiro, o título de "profeta", apresentado sintaticamente numa condicional negativa; o segundo, "aquele que perdoa pecados", formulado em interrogativa retórica, mas como negação implícita. Contudo, o fato de essas negativas não serem diretas, e guardarem em si uma espécie de hesitação, como que instaura a possibilidade de outros sentidos. Todo o elemento de indeterminação joga a favor da complexa construção que o relato faz da identidade de Jesus. O volte-face do relato não atingirá apenas a personagem mulher, mas proporcionará um outro conhecimento sobre Jesus. Primeiro as observações acerca da identidade de Jesus aparecem-nos em negativo, para passarem, pela orgânica mutacional do relato, a um plano afirmativo.

Já na ocorrência da sinagoga de Nazaré, no texto profético que ilumina a controversa missão de Jesus, aparece o termo remissão (ou libertação, ou perdão) a que se liga a forma verbal do v. 49, "perdoa". Embora a tarefa messiânica de libertação alcance uma amplitude humana maior (ela é impulso libertador anunciado aos pobres, aos doentes, aos possessos), o conceito de perdão, e perdão dos pecados, está-lhe sempre ligado. Se é verdade que o perdão dos pecados desempenha já um papel na perspectivação do ministério de João Batista (1,77; 3,3), ele torna-se, contudo, um dos eixos centrais quanto à definição da figura de Jesus. R. Tannehill anota, como marca dessa importância, o efeito enfático que o narrador lucano retira da estratégia de ligar as cenas de perdão dos pecados. Ligação que acontece quer quando as cenas são alinhadas em proximidade temporal, quer quando separadas no curso narrativo, elas apresentam fios que se atam na memória do leitor.

O relato da cura do paralítico, em Lc 5,17-26, constitui a primeira dessas cenas. Jesus diz ao homem: "teus pecados estão perdoados", e os escribas e os fariseus reagem: "Quem é este que diz blasfêmias? Não é só Deus que pode perdoar pecados?". Logo a seguir, o narrador alinha a cena da vocação e refeição em casa de Levi, onde de novo a problemática do perdão dos pecados está presente, como se constituísse uma ilustração do caminho deste Jesus que diz: "não vim chamar justos, mas sim pecadores, para a conversão".

Também o nosso episódio de 7,36-50 surge na sequência temática aberta pela pergunta acerca de Jesus, solicitada pelo Batista (7, 18-35). Aí se jogava com o binômio reconhecimento e recusa. Enquanto o povo e os publicanos receberam o batismo de João e proclamaram a justiça de Deus, os fariseus e os escribas recusaram-no, anulando para eles o seu desígnio. Enquanto os publicanos e pecadores comem e bebem com Jesus, porque Jesus os acolhe na forma comunitária mais íntima que a cultura oriental conhece, a comunidade da mesa, os homens dessa geração acusam-no e rejeitam-no. As ações da mulher inominada e dos fariseus presentes encenam, de alguma maneira, a problemática anteriormente referida.

Mas não é só com o contexto próximo que o episódio se liga. De fato, entre 7,36-50 e 5,17-26, o narrador estabelece nexos importantes. Em ambos os momentos estão presentes fariseus. Dirigindo-se à pessoa em causa, Jesus faz o mesmo tipo de declaração: "estão perdoados a ti os teus pecados" e "estão perdoados os teus pecados". Nas duas situações Jesus liga o perdão à fé. A interrogação dos fariseus orienta-se no mesmo sentido: ambas questionam a identidade de Jesus e o seu estatuto, descrendo que Jesus possa perdoar pecados. Jesus volta a dirigir-se ao visado e despede-o da cena. Desse modo, o leitor de 5,17-21 vê confirmada, no desenvolvimento do ministério de Jesus, a problemática ali esboçada. E o leitor de 7,36-50 depreende que não está perante uma peripécia ocasional, mas diante de um fato que o conduz diretamente à novidade de Jesus.

Jesus e os pecadores

Os pecados são, na cena, objeto de leituras diferentes. Se, como fundo, temos o entendimento comum aos Evangelhos sinóticos que consideram o pecado como ato singular que fecha o homem ao acolhimento de Deus, o episódio não deixa, porém, de explorar o dissentimento de posições que as personagens manifestam. Para o fariseu, de um lado estão os justos e, de outro, os pecadores, que ele é capaz de assinalar, sem, de modo algum, se sentir identificado com eles. A reivindicação de uma justiça própria é para ele de natureza jurídica, pois assenta no cumprimento estrito da Lei, segundo as observações da interpretação farisaica. Assim, não há espaço para as particularidades do fator humano perante a objetividade incontornável de uma transgressão, da qual é sempre necessário retirar consequências: o distanciamento, a exclusão.

Jesus também aceita que há diversidades na avaliação do comportamento do homem perante Deus. Como ele conta na parábola, há quem deva cinquenta e há quem deva quinhentos. Mas não partilha da atitude dos justos, nomeadamente dos fariseus justos, em relação aos pecadores, pois estes, em nome da obediência à pureza legal, propunham-se não apenas evitar os defeitos da turba desprezível, mas as próprias pessoas, chegando a recusar até qualquer proximidade física. Jesus não olha para os pecadores assim em abstrato, mas observa as trajetórias concretas da existência que funcionam como pontos de partida para um encontro salvador. Os pecadores sentem carência desse encontro, pois "os sãos não têm necessidade de médico, mas sim os doentes" (5,31).

Jesus não só inverte a lógica farisaica no acolhimento que faz aos pecadores, mas no juízo que faz do comportamento dos que se consideram justos. Pois, enquanto os pecadores se mostram dispostos a reconhecer a sua condição diante da Palavra que provém de Deus, os que se têm por justos fecham-se numa ostensiva pretensão acerca da justiça que possuem e recusam a oferta da Salvação.

Precisamente esse dilema atravessa o relato de Lc 7,36-50. Para Jesus a questão está na qualidade do acolhimento que lhe prestaram, desde que ele entrou em casa de Simão. Como se a vinda dele determinasse um tempo verdadeiramente novo, ao qual tanto o passado como o futuro estão inabalavelmente ligados. Escreve Rinaldo Fabris: "o critério de avaliação religiosa já não é a observância de um códice ou de um complexo de ritos, mas o estilo de Deus que Jesus torna atual e visível". Jesus bem conhecia os "muitos pecados" (7,47) da inominada, mas o pecado deixa de ser o polo magnético que decide proximidade e afastamento. O pecado não é o centro do relato, ocupado pela revelação da identidade de Jesus.

E Jesus revela-se não apenas o hermeneuta do coração humano, capaz de iluminar o resíduo mais decisivo de cada coração, mas também o intérprete competente do desígnio de Deus nas circunstâncias da história. Como escreve Segalla, "Jesus, particularmente em Lucas, é o ícone do Pai: de um Pai infinitamente e inesperadamente misericordioso". No seu modo de agir com os pecadores, Jesus interpreta a misericórdia de Deus e declara que a pessoa é salva. Aceitando que isso passa tanto por buscar, como por ser buscado. Tanto por festejar amorosamente o seu regresso, como por ser o receptáculo das lágrimas do encontro. O seu ministério é atuação salvadora.

Na cena final, somente para os comensais (tratando-se com toda a probabilidade de fariseus também) o pecado continua a ser o eixo estruturante do espaço e dos eventos. Eles recusam a grande transição que o relato opera. E, se perguntam, no v. 49, pela legitimidade de Jesus para realizar o perdão dos pecados, tal significa também que não estão disponíveis para alterar a sua concepção. O pecado da inominada é para eles ali a única evidência. Como dizem em 5,17-26, num episódio com um funcionamento especular em relação ao nosso, a prerrogativa do perdão dos pecados pertence a Deus. Eles não reconhecem que, na salvação realizada por Jesus, o perdão de Deus possa ter sido oferecido aos homens.

Por tudo isso a pergunta que o narrador coloca na boca dos opositores, no v. 49, não é narrativamente insignificante. O narrador faz avançar sagazmente o relato combinando os gestos de Jesus com as palavras dos opositores, fazendo perceber aos leitores o que está verdadeiramente em causa. Se Jesus, como eles defendem, não tem poder para perdoar pecados, então o relato está resolvido em si mesmo, porque se trata apenas de uma peripécia sem mais história. Mas, se Jesus tem legitimidade para perdoar pecados, como o episódio nos pretende mostrar, então é mesmo caso para perguntar "quem é este Jesus?". Esta interrogação dos comensais amplia imensamente a extensão da problemática que agora rodeia a figura de Jesus. Já não se trata de saber se Jesus se situa ou não na linha dos profetas de Israel. Trata-se de saber com que legitimidade Jesus faz uso de apanágios tão do domínio de Deus como esse de perdoar os pecados. Qualquer que seja a resposta que se siga, um paradoxo da situação foi aqui habilmente explorado: o modo como surge formulada a recusa dos opositores favoreceu o enfoque decisivamente cristológico do texto.

O de Jesus é um ministério de salvação

Não certamente por acaso, é na perícope de Lc 7,36-50 que se usa pela primeira vez, em sentido teológico, uma forma verbal de "salvar". Ela aparece no último versículo desse capítulo e, de certa maneira, o remata, pois conclui e aprofunda o motivo da fé que tinha comparecido, logo ao início, na cena do centurião (7,9). A fé não serve apenas ao reconhecimento de Jesus. Serve para entabular com ele uma relação de vida: tão essencial que dispensa mesmo as palavras, tão transformadora que não apenas modifica a existência, mas verdadeiramente a salva. Por isso é que um capítulo dominado por proclamações e diálogos termina com uma personagem que toca Jesus num estrito silêncio, e é a essa que Jesus diz: "a tua fé te salvou"!

Esta afirmação não é um apêndice estereotipado. Revela-se, sim, o filão primordial que o capítulo 7 lega à tarefa da construção de Jesus cumprida pelo Evangelho.

Na verdade, se procurarmos identificar o fio condutor do pensamento lucano, não teremos dificuldade em subscrever a afirmação de Marshall, segundo a qual "a salvação em si mesma é o tema que ocupa a mente de Lucas em ambas as partes da sua obra". E no panorama dos estudos lucanos, a distinção é mais acerca dos modos e das acentuações em que o motivo salvação é concretizado, já que sobre a sua importância registra-se entre os exegetas um significativo consenso. O motivo da salvação é indispensável à construção de Jesus.

A organização do motivo da salvação

É certo que o verbo salvar não é mais comum em Lucas que nos outros sinóticos, e que enfoca também ali, em alguns passos, a libertação de um mal físico. Lucas, contudo, estabelece uma ligação mais explícita entre salvação e fé, abrindo o termo a uma significação total. A salvação identificar-se-ia, assim, com "uma intervenção divina que atinge o homem no profundo da sua vida e do seu ser", precisa Augustin George, não apenas com o restabelecimento físico. A acepção deriva do entendimento de Jesus: na mentalidade lucana a salvação é um dos efeitos mais importantes do acontecimento Cristo.

Olhando para a globalidade do terceiro Evangelho, damo-nos conta de uma realidade curiosa: nos três primeiros capítulos temos a grande concentração dos substantivos ligados ao motivo da salvação, enquanto o verbo (salvar) está de todo ausente. Vejam-se os termos salvador (1,47; 2,11) e salvação (1,69.71.77; 2,30; 3,6; 19,9). No resto do Evangelho predominam as formas verbais (6,9; 7,50; 8,12.36.48.50; 9,24.24; 13,23; 17,19; 18,26.42; 19,10; 23,35.37.39). Podemos dizer que, na primeira parte (Lc 1–3), se estabelece a substantivação (isto é, define-se a natureza e os agentes da salvação), e, na segunda (4-24), se descreve a ação salvadora no ministério de Jesus. A narrativa costura uma unidade entre ambas as partes.

Como? – podemos perguntar. No relato da infância, temos uma verdadeira introdução a alguns dos temas principais do Evangelho. Partindo da análise narrativa, Aletti alerta para a "função programática" que esse desempenha no tecido narrativo. Na mesma linha, Kilgallen refere que algumas das afirmações que se fazem nos primeiros capítulos funcionam como "guia proléptico" da identidade de Jesus e influenciam a inteira leitura do conjunto. B. Byrne chama ainda a atenção para um outro aspecto. O Evangelho não apenas prolonga temáticas esboçadas nos primeiros capítulos, mas estes constituem um "modelo de correção" para o que vai sendo dito sobre Jesus ao longo da narrativa. Por isso nos parece de todo o interesse, no percurso em torno do motivo-chave que é a salvação, que comecemos por aí.

X

DE QUE FALAMOS, QUANDO FALAMOS DE SALVAÇÃO

É possível que a primeira referência à salvação se encontre ainda mais cedo, em Lc 1,31, quando o anjo Gabriel diz a Maria o nome daquele que será gerado, mas o primeiro registro explícito encontra-se na descrição que Maria faz de Deus como seu Salvador (1,47). E não se pode contornar a pretensão inclusiva que a obra lucana estabelece entre esta declaração inicial e o epílogo de Atos (28,23-28), que termina com a citação do oráculo de Is 6,9-10, condenando a cegueira e a surdez "deste povo" que não se converte, anunciando depois (v. 28): "aos gentios é enviada esta salvação de Deus. E eles a ouvirão".

Maria, cantora da Salvação

No *Magnificat* (vv. 46-55), o sujeito descreve a intervenção divina em três campos semânticos diferentes: o campo religioso, formado por "aqueles que o temem" (v. 50) e pelos "soberbos de coração" (v. 51); o sociopolítico, que opõe os poderosos que Deus retira dos seus tronos (v. 52) aos de condição humilde (v. 52); e o étnico, já não construído antiteticamente, mas que menciona apenas "Israel" (v. 54), identificando-o com "a descendência de Abraão" (v. 55). A linha de confronto no poema não é dialética (não são os humildes que se voltam contra os poderosos), mas consubstancia uma tensão triangular fundamental: a relação implica simultaneamente o Deus forte, as gentes de condição humilde e os protagonistas da opressão. O tema da reviravolta ("renversement"), que ao longo do Evangelho vamos encontrar em várias parábolas (15,11-32; 18,9-14) e situações do

caminho de Jesus (7,36-50), é aqui operado por Deus: Ele "depôs poderosos de tronos e exaltou humildes. Cumulou de bens a famintos e despediu
ricos de mãos vazias".

Embora não exista uma passagem do Antigo Testamento que possa representar a fonte direta desse dito de Maria, "o meu espírito exulta em
Deus meu Salvador", é verdade que ele se harmoniza com a teologia veterotestamentária em vários passos. O Deus "meu salvador" é o Deus da reviravolta da História (um referente densamente escatológico; cf. Is 2,11-17),
e a sua característica não é apenas o juízo, mas também a misericórdia:
"Ele lançou os olhos para a condição humilde da sua serva" (v. 48a); "Ele
veio em socorro de Israel seu servo" (v. 54a); ele foi fiel ao "recordar da sua
misericórdia" (v. 54b). Não se trata apenas, portanto, de um modo tipificado de referimento a Deus. O hino reflete "o que Maria pensa da graça
mostrada por Deus ao seu povo, em conformidade com as suas promessas", conclui I. Marshall.

A Salvação segundo o cântico de Zacarias

O outro nexo semântico surge no cântico de Zacarias. Quanto ao seu
conteúdo, estamos perante a combinação de uma eulogia e de uma profecia. A primeira parte (vv. 66-75) canta a ação escatológica de Deus, o envio
do Messias para Israel, e desvela tal envio como já inicialmente realizado
na concepção de Jesus (1,41-45); a segunda parte (vv. 76-79) enuncia uma
profecia sobre a missão do recém-nascido João, a qual retoma claramente
a promessa do anjo (1,14-17). Mas o significado de João está subordinado
– enquanto precursor – ao Messias Jesus.

O hino começa com a celebração do fato de que Deus visitou o seu povo.
O verbo assinala um fato concreto e cumprido, mas deve-se-lhe atribuir
também um valor profético, pois, vinculada à experiência já presente, in-
sinua-se a certeza de um futuro. No v. 69 explicita-se que a redenção da
estância inicial é a salvação operada por Deus, no cumprimento das promessas feitas a David e à sua Casa: "e levantou para nós um corno (uma

força) de salvação, na Casa de David seu servo". Resume Luzarraga: "Trata-se de uma profissão de fé que tem por certa a promessa de Deus, sempre atual e atuante". Esse "corno que se levanta", uma expressão *hápax*, mas cujo substantivo é usado no Antigo Testamento para descrever o próprio Deus (2Sm 22,3; Sl 18,2), significa a exaltação da força messiânica, que fazia parte da fé judaica, anunciada "desde os tempos antigos, pela boca dos seus santos profetas" (v. 70). E é vista como promotora (v. 71) da salvação histórica "dos nossos inimigos e das mãos de quantos nos odeiam". Marshall diz que essa segunda "é uma descrição mais vaga de salvação" e que sugere "uma libertação política". Mas essa sublinha, também assim, os efeitos concretos que advêm da emergência do Messias, cuja autoridade é exercida na história.

Na segunda parte do cântico, vv. 76-79, Zacarias dirige a atenção para o seu menino. João é descrito como "profeta do Altíssimo", que prepara o caminho para a visitação messiânica. Apesar do enunciado superlativo desse título, a dependência de João em relação a Jesus é manifesta: Jesus é o Filho, João é o profeta. A esse compete preparar os corações para que Deus conceda ao seu povo o "conhecimento da salvação" (v. 77). A aliança firmada com os patriarcas aparecia, já no Antigo Testamento, como motor para a misericórdia de Deus (vv. 72-78), manifestando-se na remissão dos pecados (Mq 7,18-20). E o reconhecimento do pecado abre à esperança da salvação de Deus (Sf 3,12-13). É sobretudo a experiência do perdão que produz o conhecimento de Deus, prometido para a época da nova aliança (Jr 31,34). Ora, isso é, fundamentalmente, o que vem aqui relatado com a conexão entre a experiência da salvação de Deus e o perdão dos pecados, fazendo desse o meio pelo qual se obtém aquela.

João comunicará o conhecimento da salvação e a salvação consistirá no perdão dos pecados. Ele não comunicará a salvação como conhecimento, isto é, em ato, mas sim como consciência de que Deus concede a salvação pela escatológica remissão dos pecados. Na verdade, embora o papel que o batismo de penitência de João representa, em vista do perdão dos pecados, seja repetido em outros momentos do terceiro Evangelho (3,3; 24,47;

At 10,37), é sobretudo em relação à atividade de Jesus que a expressão é utilizada (24,27; At 2,38; 5,31; 10,43; 13,38; 26,18). No discurso da sinagoga de Nazaré Jesus faz um duplo uso do termo "perdoar". E ao longo da sua missão, por diversas vezes, acontece o perdão efetivo dos pecados (Lc 5,20; 7,48). João é retratado como estendendo a salvação naquela forma que será característica de Jesus Cristo. Ele não é o portador da salvação, mas o anunciador profético do perdão vindouro. Como se dirá em Atos (10,37; 13,24), João anunciou um batismo de penitência que perspectivava o perdão dos pecados concedido por Jesus.

Pode-se daqui concluir, pela grande ênfase dada à Salvação, nesse hino de Zacarias, que ela não respeita a elementos circunstanciais, como aliás o uso de redenção, no v. 68, o demonstra. A tônica messiânica é tão forte que se põe em dúvida que esse cântico possa ter tido origem entre os círculos pré-cristãos ligados a João Batista e não ser originariamente cristão.

No final do hino temos ainda um elemento que nos parece significativo, quer para a reflexão sobre o motivo da salvação, quer para a iluminação do episódio de Lc 7,36-50: a referência ao caminho feito na paz ("para guiar nossos pés no caminho da paz", v. 79). Trata-se de um causativo, colocar os pés no caminho reto. Não se resume a endereçar os pés no caminho da paz, mas para o caminho da paz. A paz define a natureza do caminho: é um caminho pacífico, que conduz à paz (Sl 16,11; Jr 21,8) e no qual se vive a paz (Sl 25,10; 2Sm 18,13; 1Rs 8,36). A expressão "caminho da paz" encontra-se uma única vez no Antigo Testamento (Is 59,8) e uma só vez no Novo, esta precisamente. É, como diz Luzarraga, o "último traço de originalidade" do hino.

A paz é o desejo culminante da bênção sacerdotal (Nm 6,26), ela é a expressão da epifania de Deus. Não é estranho que um hino na boca de um sacerdote, Zacarias, termine com a menção à paz, pois cabe ao sacerdote pronunciar esse tipo de bênção de paz. Mas essa paz não é simplesmente tranquilidade: implica perfeição e felicidade. É uma proposição messiânica vinculada à remissão dos pecados (Ml 2,5-6) e à justiça. Stenschke resume assim o seu significado: *a*) Não há paz com Deus que não implique a reconciliação. A paz, o perdão dos pecados e a salvação devem ser vistos à mesma luz; *b*) A intervenção de Deus provoca uma reviravolta no presente histórico.

Por isso, em Lucas, a "paz está estreitamente associada à salvação", e isso, que se constatou no *Benedictus*, será retomado no relato do nascimento de Jesus, onde, no breve cântico ali inserido (2,14), tornam os temas iniciais e finais daquele hino, o louvor a Deus e a paz para aqueles que ele ama. Aliás, a alocução dos anjos aos pastores (2,10-14) é bem significativa: pelo verbo que se usa, "trazer a boa-nova", um verbo querido a Lucas (dez vezes sobre onze nos Evangelhos) e com grandes ressonâncias cristológicas (4,18.43; 7,22); e pela menção explícita (v. 11), única por sinal, a Jesus como "salvador".

Nem Marcos nem Mateus utilizam "salvador", a propósito de Jesus. Em Lc 1,47 "salvador" refere o Deus que salva, revolvendo a História para a encher da sua misericórdia. Em 1,69, Deus é bendito por ter levantado um "corno da salvação", através da Casa de David, libertando o povo da mão dos seus inimigos e proporcionando-lhe o "conhecimento da salvação". Mas em 2,11 é o próprio Jesus apresentado como salvador, e essa é a boa-nova dirigida a "todo o povo"; cf. Lc 3,21; 7,29; 8,47 etc. Na origem, essa expressão tem, como vimos, raízes veterotestamentárias, mas no mundo greco-romano era igualmente um mote popular para descrever o papel de deuses e de atores sociais proeminentes (da política, da filosofia, da medicina...). Lucas poderá ter querido aqui estabelecer o confronto de Jesus com todas essas representações.

A Salvação segundo o cântico de Simeão

No cântico de Simeão, ainda na secção da infância, temos o retorno do motivo da paz e da salvação (vv. 29-32). Brown escreve que o *Nunc Dimittis*, tal como o *Magnificat* e o *Benedictus*, utiliza como técnica de composição um quase pastiche de léxico e temas veterotestamentários, nomeadamente os de Isaías, mas isso não diminui a sua força singular. A abertura (v. 29), com o "agora" em posição enfática, sinaliza a atualidade do tempo da salvação, reforçada pela certificação das próprias palavras: "os meus olhos viram a salvação". A referência, do v. 29, ao "deixar ir em paz", talvez signifique mais que um simples "deixar morrer serenado". A paz, nesse contexto, indica sobretudo o conforto por constatar que a obra de Deus atingiu a plenitude do seu cumprimento. Como diz Bock, comentando essa passagem, o Evangelho da infância tem muito para nos ensinar acerca da associação entre Messias e paz. De fato, a paz aparece aqui como um efeito da salvação que se descreve como uma luz que, sendo "glória de Israel, vosso povo", está destinada a revelar-se às nações. Essa salvação foi "preparada" pelo próprio Deus. A ideia do "preparar" é única, aplicada à salvação (o verbo "preparar" tinha sido usado para João Batista em 1,17.76 e sê-lo-á ainda em 3,4): à sua luz, o Evangelho que se segue tem de ser compreendido como providencial preparação da ação divina na História.

O que previamente foi visto e reconhecido por Simeão, tornar-se-á uma experiência universal. Já fora do assim designado "Evangelho da infância", mas ainda na preparação do ministério público de Jesus, surge-nos um dos últimos usos do substantivo "salvação". Todos os três sinóticos usam a citação de Is 40,3 para descrever a ação do Batista como precursora em relação a Jesus (Mc 1,3; Mt 3,3; Lc 3,6), mas só Lucas mantém a ostentosa conclusão, "e toda a carne verá a salvação de Deus". Esse epílogo, coerente com a mais típica teologia lucana, é o motivo da sua longa citação de um extrato de Is 40. Depois do ministério de João, chegará uma manifestação de poder, a salvação de Deus. E como 2,30 mostrava, essa reside em Jesus. A expressão "a salvação de Deus" deve ser, portanto, entendida em indivisível conexão com a pessoa de Jesus; e o seu cumprimento, operado pelo ministério dele, que está para começar. Se o povo é chamado, pelo apelo do Batista (3,4), a preparar-se para a salvação é porque o próprio Deus preparou para todos a salvação, em Jesus. O remate de Lc 3,6 será retomado em At 28,28, com o mesmo significado. Uma nota ainda para sublinhar como a formulação "toda a carne" descreve a universalidade em modo maximalista. Enquanto em At 28,28, dada a recusa "deste povo", se diz que os pagãos verão a salvação de Deus, aqui ainda não somos colocados perante o drama da recusa: todos, publicanos e fariseus, justos e pecadores, doentes e sãos, homens e mulheres, poderão ver e confrontar-se com o ministério de Jesus.

A didascália e a intensidade de motivos que emergem em Lc 1,5–4,13, fazem-nos perceber o que essa secção inicial representa no Evangelho: "a sua natureza é a de uma introdução ou abertura que influencia a compreensão de tudo o que se segue", nomeadamente naquele que é "o grande objeto da história de Lucas: a identidade de Jesus", opina J. Kilgallen.

A Salvação que Jesus torna efetiva

O Evangelho mostra que a salvação chega ao homem através da atividade de Jesus, apresentada como um programa messiânico. Dessa forma todo o seu ministério constitui um acontecimento escatológico no sentido estrito do termo: "os cegos recuperam a vista, os coxos andam, os leprosos são purificados, os surdos ouvem, os mortos ressuscitam e aos pobres é anunciado o Evangelho" (7,22).

O motivo da Salvação diz respeito à globalidade do ministério de Jesus: não se resume, certamente, às passagens onde o ato de salvar (ou de perder) é, de modo explícito, apontado. Mas, cremos, os passos que afrontam diretamente tal tema, trazem iluminação ao inteiro horizonte da intriga.

É na perícope de Lc 7,36-50, dissemos, que, pela primeira vez, se usa, em sentido teológico, uma forma verbal de "salvar". Em 6,9 temos a primeira referência ao verbo, contudo, ela aparece no interior de uma pergunta que Jesus faz aos seus acusadores, a propósito do sábado: "Pergunto-vos se é permitido ao sábado fazer o bem ou fazer o mal, salvar uma vida ou destruí-la?". Provavelmente, o verbo não se aplica ali como termo teológico de salvação, mas referirá apenas, e em termos genéricos, um resgate. Isso significa que, depois do processo de substantivação que o motivo da salvação conheceu nos primeiros capítulos, emerge no episódio da intrusa a apresentação da atividade de Jesus como um ministério de salvação. Isso diz bem da função charneira que o nosso episódio e capítulo representam na sequência.

O ministério de Jesus é constituído por obras e por palavras. Em 8,12, na explicação da parábola do semeador (Lc 8,11-15; Mt 13,18-23; Mc 4,14-20), o relato lucano coincide com os outros sinóticos, na primeira parte do versículo, "os que estão ao longo do caminho são os que ouvem, mas depois vem o diabo e arrebata-lhes a Palavra do coração", porém, apenas Lucas propõe uma segunda parte, onde os motivos da fé e da salvação comparecem, "para que não creiam e não sejam salvos". A fé e a salvação não têm simplesmente uma conotação terrena: no coração do ouvinte da Palavra trava-se uma batalha entre Deus e satanás, e o fracasso do anúncio é também efeito da obra do mal. Jacques Dupont propõe que Lucas, neste 8,12, corrige o que fora dito em 8,10 ("A vós foi dado conhecer os mistérios do Reino de Deus; aos outros, porém, em parábolas, a fim de que vejam sem ver e ouçam sem entender"): "é o diabo, e não Jesus, o responsável pela incredulidade daqueles que não acolhem a Palavra de Deus", harmonizando-se melhor assim com a imagem do "evangelista da misericórdia e do perdão".

No contexto da cura do endemoninhado, em 8,36, são as testemunhas da ação de Jesus que contam aos gerasenos "como ele fora salvo". O verbo refere aqui não a salvação como termo teológico, mas a cura física resultante do exorcismo, embora o desejo que o homem manifesta de seguir Jesus (v. 38) insinue uma experiência mais global. E outras duas referências surgem no episódio cruzado da hemorroíssa e da filha de Jairo (8,48.50): à primeira é o próprio Jesus que anuncia "tua fé te salvou, vai em paz"; tal como a Jairo assegura "não temas, crê somente e ela será salva". A fé é condição existencial que abre a pessoa à ação do poder de Deus que opera em Jesus. No v. 50, o verbo "crer" provavelmente indica que aquela fé pedida a Jairo é uma fé de tipo inteiramente novo e não simplesmente a fé esperada num chefe de sinagoga. Em adição ao paralelo de Mc 5,37, Jesus, no relato de Lucas, diz a Jairo "e ela será salva", costurando-se assim, mais uma vez, o tema da fé com o da Salvação. A insistência sobre a fé mostra como o interesse do relato incide não sobre a cura ou a ressurreição, mas sobre a pessoa de Jesus.

Na forma proverbial dirigida aos discípulos, em 9,24, aparece por duas vezes a forma verbal: "O que quiser salvar a sua vida vai perdê-la, mas o que perder a sua vida por causa de mim, esse a salvará". Na radicalidade dos termos, "perder" por oposição a "salvar", expressa-se que o seguimento de Jesus outra coisa não é que aceitar condividir o seu destino. Ainda no âmbito do ensinamento, temos a pergunta que alguém dirige a Jesus em 13,23: "Senhor, é pequeno o número daqueles que se salvam?". A pergunta, de tipo especulativo, aponta uma acepção apocalíptica, enquanto a resposta que Jesus fornece sublinha uma ética pessoal de responsabilidade pelo presente (sinalizada no imperativo que Jesus utiliza).

Em 17,19 temos o dito de Jesus ao samaritano que fazia parte do grupo dos dez leprosos curados. O leitor como que é conduzido a uma situação paradoxal. Dez leprosos foram enviados por Jesus a mostrar-se ao sacerdote e, desses que, entretanto, ficam curados, só um torna para agradecer a Jesus. Porém, dos nove leprosos que não tornaram não se pode exatamente dizer que não tinham fé. A apresentação aos sacerdotes suporia que eles fossem já miraculados (cf. 5,13-14), mas a verdade é que, quando eles partem, ainda têm a condição de leprosos e partem todos confiados na palavra que lhes dá Jesus. Percebe-se mal, por isso, que no final do episódio Jesus pareça acusar a falta de fé daqueles que não voltaram. A diferença está em que a fé do samaritano ganha uma coloração cristológica que a dos outros não tem, pois esse julgou mais importante, sem que isso lhe fosse sugerido, louvar a Deus aos pés de Jesus. Como escreve Marshall, a história não implica necessariamente que os outros nove curados não tivessem fé; a questão apontada pela perícope é que a fé deles estava incompleta, porque não se tinha expressado em gratidão. Nesse "regresso a Jesus", fica bem patente o conteúdo da fé que salva. Fé e salvação são linhas do horizonte cristológico. Nunca se define de modo preciso ou exaustivo o que cada uma significa. Como escreve Bovon, "Lucas não redigiu um escrito teológico, mas uma história": o que fica demonstrado por Lucas é que fé e salvação passam necessariamente por Jesus.

Em 18,26 são os ouvintes que, em face das palavras de Jesus – "como é difícil aos que têm riquezas entrar no Reino dos Céus" –, comentam: "Mas, então, quem poderá salvar-se?". Salvar-se, pelo contexto, equivale a entrar no Reino dos Céus. No episódio da cura do cego (18,35-43), que já anteriormente analisamos, mais uma vez temos a referência que une fé e salvação (18,42). É um dos casos em que a fé é a causa instrumental do ato de Jesus (7,50; 8,48; 17,19).

Em 19,10, num momento narrativo muito importante, pois corresponde ao final do seu ministério na Galileia, Jesus declara a sua missão (e é impossível não se aperceber da carga recuperadora da expressão: "o Filho do Homem, de fato, veio procurar e salvar o que estava perdido". Estar perdido sintomatiza um estado precário, uma espécie de morte simbólica; ser salvo significa entrar na plenitude da vida; o encontrar e o salvar acontecem no presente protagonizado pelo Filho do Homem. Afirma-o claramente 19,9: "Hoje a Salvação aconteceu nesta casa", no único uso que se faz do substantivo salvação depois dos capítulos iniciais (1,5–4,13). O que signifique exatamente "salvação" é também aqui difícil de dizer: o que se sabe é que depende da finalidade da vinda de Jesus, descrita com o infinitivo salvar, no versículo sucessivo. Plummer refere que a salvação consiste na disponibilidade demonstrada para com a visita de Jesus. Ele vem para salvar. Em cada episódio se torna mais patente o tema central dos escritos lucanos: Jesus, que oferece ao homem a salvação.

Um último e significativo registro do verbo salvar encontra-se no relato da paixão, no capítulo 23. No momento da paixão, há dois grupos: os que observam e os que zombam, numa dialética que evoca o Sl 22.

- v. 35: "Os chefes porém zombavam e diziam: 'A outros salvou, que salve a si mesmo, se é o Cristo de Deus, o Eleito!'".

- v. 37: "(Os soldados) diziam: 'Se és o rei dos judeus, salva-te a ti mesmo!'".

- v. 39: "Um dos malfeitores suspensos à cruz o insultava, dizendo: 'Não és tu o Cristo? Salva-te a ti mesmo e a nós!'".

Lucas menciona vários títulos religiosos de cariz messiânico, "Messias de Deus", "Cristo", "eleito", "rei dos Judeus", precisamente no momento que se diria de fracasso, de completo malogro para a missão de Jesus. Essa é a hora em que as palavras despem seus véus, os sentidos implícitos, as afirmações obscuramente indiretas: embora essas atribuições sejam atiradas com ironia pelos atores, a ironia estilhaça-se perante esse corpo crucificado, destinado a realizar, misteriosa e gloriosamente, na ressurreição, o que lhe é imputado como insulto. Na cruz, o diálogo com os malfeitores seus companheiros de sorte inscreve uma possibilidade ainda de se revelar como Salvador. Há aqui, como recorda Trilling, uma espécie de inclusão: "A vocação de Salvador aparecia no início da vida do Messias (2,11), a ela permanece fiel até o fim".

XI

A ARTE DE CONSTRUIR JESUS

Aristóteles defendia que a alma do relato é a intriga e que as personagens vêm em segundo lugar. Em Lucas, porém, podemos assinalar o contrário: o protagonista é a verdadeira alma do relato e a intriga cumpre a função de revelar a personagem, como aliás nos é declarado no protocolo de abertura (1,1-4). São as características peculiares da figura de Jesus que determinaram o tipo de relato que o Evangelho constitui.

No vasto âmbito da literatura antiga, o evangelista tinha ao seu dispor modelos diversos para relatar a vida de uma personagem histórica. Mas a verdade é que, tendo recebido, como anteriormente vimos, uma ampla gama de influências, o Evangelho não deixa de ser um texto original. Em comparação com elaboradas produções literárias do mundo greco-romano, o Evangelho permanece um escrito conciso, particular e popular, porque o destino paradoxal de Jesus não era conversível às tipologias retóricas da fascinação heroica e seus paradigmas. A identidade de Jesus não compete com a das grandes personagens, nem a finalidade do Evangelho é exaltá-lo como arquétipo de virtudes a imitar. Quando o relato foi redigido, apenas um grupo de discípulos se interessava verdadeiramente por Jesus, que permanecia um desconhecido para o mundo pagão da altura e um proscrito para o mundo judeu. A sua finalidade está em revelar como é que ele, tendo sido rejeitado e levado até a morte, representa aquele pelo qual, unicamente, nós atravessamos o limiar da salvação.

A chave do Evangelho

Isso é claro em Lucas desde o princípio. Os primeiros três capítulos centram-nos rapidamente em Jesus. Numa estrutura de quadros em paralelo, estabelecem uma comparação com João Batista, e é clara a superioridade de Jesus. O enviado de Deus anuncia a natureza divina da sua identidade (1,35) e dimensão do seu destino: "o seu reinado não terá fim" (1,33). Essa mesma linha de proclamação é seguida pelos anjos, os pastores, Simeão, Ana e, por fim, o próprio João Batista. Na ocasião do Batismo é a própria voz de Deus que se faz ouvir, apresentando Jesus como seu Filho predileto (3,22).

No relato das tentações, Jesus começa, em primeira pessoa, a construção da sua identidade: mostrando-se disponível apenas para servir o único Deus, ele dá uma resposta ao desafio do diabo ("Se és Filho de Deus", 4,3). Mas é em Nazaré que Jesus toma a palavra para declarar a sua missão messiânica, apresentando-se como o ungido do Senhor e prevendo a rejeição dos seus conterrâneos: "Nenhum profeta é bem recebido na sua terra" (4,24). A recusa dos nazarenos vem confirmar, paradoxalmente, a sua identidade profética. Enquanto em Marcos a primeira fala de Jesus é sobre a proximidade do Reino de Deus (Mc 1,15), no relato lucano o discurso inaugural diz respeito à identidade do próprio Jesus. Desde o princípio, a construção de Jesus emerge como o tema maior do Evangelho. A revelação que Jesus faz de si mesmo e a manifestação da sua competência, tal como a forma contrastada e parcial como ele vai sendo reconhecido, tornam-se o conteúdo da própria intriga.

Sucedem-se histórias que o revelam, através de palavras e ações, e que dão origem a crescentes conflitos acerca da sua identidade e da autoridade do seu proceder. Jesus afirma que o Filho do Homem tem na terra o poder de perdoar os pecados (5,24), e ele próprio apresenta-se como enviado a trazer os pecadores à conversão (5,32). Afirma-se também como Senhor do Sábado (6,5). Para os fariseus o problema era ele violar o repouso sabático, para Jesus a questão é a qualidade da ação que se pratica. Essa redefinição das normas provoca animosidades. E as discussões funcionam como aberturas prolépticas para o remate do destino de Jesus (6,11). Ele escolhe os Doze e o narrador informa que um da lista será o traidor (6,16). No sermão da montanha (6,17-38) continua o plano de reviravolta das normas. E essa reviravolta ilumina Jesus: mostra a sua competência para ser sujeito de semelhante Palavra que instaura rupturas e para enquadrar, em modo radical, a revelação divina. À palavra do cântico de Zacarias que saudava a libertação dos inimigos (1,71.74), Jesus aconselha a amar os inimigos (6,29.35), o que dá à palavra profética um inesperado cumprimento.

O capítulo 7 ocupa um lugar fundamental na revelação de Jesus. Um gentio, centurião romano, tem para com Jesus uma atitude de fé, que ainda em Israel não se tinha manifestado (7,9). A ressurreição de um morto motiva a multidão para proclamar Jesus como um grande profeta (7,16). Segue-se imediatamente a pergunta de João Batista (7,19), pergunta que suscita uma explicação de Jesus, retomando o discurso de Nazaré (7,22); e que se liga também à proclamação que os discípulos farão em 19,38: "Bendito o Rei que vem em nome do Senhor". Jesus recorda a imagem que escribas e fariseus põem a circular acerca dele: um glutão, amigo de publicanos e pecadores (7,34). Mas o final do capítulo (7,36-50) conta o convite que um fariseu faz a Jesus para a sua mesa. Um incidente é provocado por uma mulher pecadora que Jesus acolhe, mas torna-se sobretudo oportunidade para Jesus se revelar como o grande conhecedor do coração humano e para que, narrativamente, se juntassem dois títulos que, antes, apareciam isoladamente: o de profeta e o de perdoador de pecados.

No capítulo seguinte continua a revelação de Jesus: depois de acalmar a tempestade, os seus próprios discípulos perguntam "quem é este?" (8,25). E é o contexto narrativo a ligar esse interrogativo de espanto à declaração dos demônios de Genesaré: "Jesus, filho do Deus altíssimo" (8,28).

O capítulo 9 constitui um grande momento da afirmação da identidade do protagonista. Herodes distancia-se de tudo o que se diz de Jesus e procura saber quem ele era verdadeiramente (9,9). Os discípulos, ultrapassando também o consenso das especulações populares, afirmam que Jesus é o Cristo de Deus (9,20). Jesus ordena-lhes silêncio, pois essa declaração da sua identidade precisa de ser entendida corretamente, isto é, à luz do anúncio da sua paixão, morte e ressurreição (9,22). Ele será um Messias sofredor, rejeitado, conduzido até à morte, e levantado por Deus. Essa interpretação de si e do seu destino, feita por Jesus, é confirmada pelo episódio da transfiguração (9,28-36).

A delineação da identidade de Jesus desenvolve-se também num esquema geográfico. Daí a importância que tem na sequência narrativa o passo de 9,51, onde Jesus se volta resolutamente para Jerusalém. A identidade profética de Jesus vai definir-se no confronto progressivo com Jerusalém que persegue e mata os profetas (13,34). E, no final da viagem para Jerusalém, Jesus reitera a predição da sua paixão (18,31-33).

A atenção é convocada para a identidade de Jesus quando, por exemplo, um homem cego, por duas vezes, o chama "Filho de David" (19,38.39), o que constitui também uma evocação analógica da predição do anjo da anunciação (2,4) e de quanto vem escrito na genealogia (3,23-38). E antecipa, proleticamente, a designação de Jesus como rei, que vai acontecer em 19,38. Depois disso, Jesus defenderá que o Messias não pode ser filho de David (20,41-44), abrindo as portas para o entendimento de que o Messias é Filho de Deus. Alteração que pode ser atestada no julgamento de Jesus perante o sinédrio (22,67.70).

A figura de Jesus obrigou Lucas a seguir uma tipologia bíblica, entretecendo o seu texto de analepses e prolepses, passando por diversas figuras e transcendendo-as continuamente, Elias, Eliseu, Moisés, David. "Ele é como... mas ele não é como... É este o paradoxo de Jesus." A intriga do Evangelho gira em torno desse exercício de definição que se desenvolve progressivamente. Jesus vai resistindo às categorizações de que é alvo e define-se a si mesmo através da sua história.

Jesus morre sob uma inscrição que diz que ele é o rei dos judeus (23,38), um rei que, paradoxalmente, não se pode salvar a si mesmo. A crucifixão sela a identidade de Jesus e explica como se deve entender o seu messianismo. Jesus tinha anunciado, consistentemente, o seu sofrimento em conexão com a sua identidade messiânica. E a leitura que Lucas faz da Escritura aponta também para aí (24,26.46). Mas Deus levanta-o da morte. E a sua ressurreição é o prelúdio da instalação de Jesus no trono de David.

Como recorda John Darr, "o processo de construção de uma personagem não é neutro, nem unidirecional". A identidade de Jesus é uma identidade narrativa, que se colhe através dos momentos vários e do nexo do relato. Mas a intriga não deixa de ser nunca uma consequência de Jesus. É porque Jesus está presente, ou toca, ou fala, ou ordena, ou age, que as peripécias se desencadeiam. O esquema "carência + competência + ação performativa + sanção", que é o de muitos episódios, salienta a função decisiva que ele tem na transformação narrativa, mas também o papel revelador que essa intervenção constitui para a sua construção como personagem. Lucas-Atos transforma o que parecia constituir uma inevitável falência na decisiva confirmação do messianismo de Jesus. A chave da intriga evangélica é o reconhecimento de quem Jesus é, Messias e Filho de Deus.

Jesus, protagonista da transformação da História

Como todas as sociedades, também a judaica daquela época era regulada por um determinado cânone de normalidade, no seu caso de natureza religiosa, articulado com o Templo e a Lei. Isso determinava a organização do espaço social e a definição de limites. Contra as transgressões estabeleciam-se linhas de demarcação, às quais se dava importante ênfase social.

Ora, a atividade de Jesus (de curas, exorcismos e mesmo de ensinamento) colocava-o, frequentemente, em relação com pessoas que estavam incapacitadas para o normal convívio social (a inominada pecadora, os leprosos, a mulher com hemorragias, os possessos etc.) ou cujo acesso ao Templo (e ao que o Templo significava) era vedado, por carecerem de uma plenitude física (paralíticos, possessos, cegos, coxos) e moral.

Jesus vai debater-se, em especial, contra aquilo que Charles Perrot chama a predominante "ideologia levítica" que caracterizava os fariseus. Estes, afirmando um poder equidistante ao do movimento sacerdotal, mais ligado aos saduceus, vão defender uma espécie de sacerdócio comum. Por isso, na base de todas as práticas ligadas à pureza ritual, que os fariseus mantinham com intransigência, está o desejo desses leigos de viverem à maneira dos sacerdotes no Templo. A Torá, palavra viva de Deus, impõe regras estritas de pureza e cada um procurava respeitá-las no quotidiano (nas relações pessoais, higiene, refeições...), assinalando uma nítida e voluntária distinção entre o mundo santo e puro e o dos impuros.

Nesse contexto, a caracterização que, de Jesus, fazem os seus opositores aponta-o paulatinamente como um subversor (7,34), até ser esse o motivo que apresentam quando o entregam a Pilatos (23,2): "Encontramos este homem subvertendo a nossa nação". Lucas trata com muita habilidade essa questão, e se, por um lado, as palavras e atitudes de Jesus podem aparecer como subversivas, por outro, o narrador vai mostrando continuamente ao leitor quão diferente é a realidade do seu protagonista. Onde é que os seus rivais veem um caráter subversivo?

A) Quanto aos lugares santos (o Templo, a Cidade e a Nação): Jesus aparece como um crítico declarado da situação do Templo: não só o ato simbólico que ele cumpre da purificação do Templo (19,45-46) e o anúncio da ruína deste (21,5-7) o colocam numa rota de colisão com as autoridades sacerdotais, mas o seu ministério afirma uma autonomia inédita em relação ao papel que o Templo desempenhava na religiosidade de Israel. Ao apresentar-se como "aquele que perdoa" os pecados, Jesus reivindica a superação do Templo, com os seus sacrifícios e oferendas. De certa maneira, esses ritos perdem a sua eficácia. Como no caso dos leprosos que Jesus reenvia para se mostrarem aos sacerdotes, só o que regressa a Jesus é tocado por uma fé que salva (17,19). O encontro com Jesus e a conversão é que permitem que a salvação entre agora na história.

Recorrentes são também as palavras de Jesus contra Jerusalém, cuja desolação e destruição proclama, no desenvolvimento do paradigma profético explicado no capítulo 7 (cf. 13,34-35; 19,41-44; 21,20-24): a Jerusalém que persegue os profetas e não reconhece o tempo em que foi visitada; a cidade santa que será esmagada por pés gentios!

E Jesus não parece preocupado em respeitar os limites da terra santa: ele desloca-se para fora do território ou tem relações com gentios (7,1-10; 8,26-37); argumentando com a atividade universalista dos profetas Elias e Eliseu (4,26-27); elogia os samaritanos nas suas parábolas (10,29-37) e, um deles, torna-se objeto da sua ação salvadora (17,11-19). Aos seus discípulos ordenará que sejam suas testemunhas "em Jerusalém, em toda a Judeia e Samaria, e até aos confins da terra" (At 1,8).

B) Quanto ao tempo sagrado, Jesus é sistematicamente acusado de violar a observância do sábado (6,1-5.6-11; 13,10-17), e é criticado por não observar os dias de jejum (5,33-35).

C) Quanto aos contatos vedados, Jesus surge a tocar em cadáveres por mais de uma vez (o filho da viúva de Naim, 7,11-17; e a filha de Jairo, 8,49-56) e, na mesma parábola em que tomou por modelo de justiça um samaritano, criticou o sacerdote e o levita por se esquivarem ao auxílio a um homem ferido, "quase morto" (10,30). Além disso, ele dirigiu, sem qualquer tipo de reserva, a sua atenção a gente fisicamente impura, por causa de doenças (5,12-16; 17,11-19), possessões (4,31-37; 8,26-39) ou deficiências (o paralítico, 5,18; o cego, 7,21 etc.). E, ao contrário de quanto vem prescrito em Lv 21,17-20, afirmou que "estropiados, coxos e cegos" devem ser os convidados preferenciais, quando se dá uma festa (14,12-14). Ele mesmo manteve uma reconhecida convivialidade com gente moralmente impura. Foi visto com pecadores e publicanos (5,27-32; 7,29.31-34; 15,1-2; 18,4-14; 19,1-10) e, com eles, praticava a comensalidade. E não se defendeu, nem se mostrou ofendido pelo contato de uma pecadora pública (7,37-39).

É curioso notar como o narrador rebate e desmonta essa imagem de Jesus, ao longo de todo o relato. O tópico de Jesus, em 5,32, "Eu não vim chamar os justos, mas sim os pecadores", com esse acrescento tipicamente lucano, "à conversão", explica bem que, na base do programa narrativo da personagem, está a transformação radical das situações. Lucas não se cansa de sublinhar isso: os mortos que Jesus toca, ressuscitam; os leprosos são purificados; a hemorroíssa fica sarada; o cego passa a ver; a pecadora é perdoada dos seus pecados. Jesus colocava as pessoas em relação com Deus, relativizando ou dando um sentido novo às normas de pureza. Tudo se liga à percepção que Jesus tem de Deus e da sua identidade pessoal. A ação hodierna de Deus não é simplesmente uma réplica das ações passadas, e Jesus é o revelador de como Deus atua hoje em favor do seu povo. Como tal, a imagem de subversor é vencida pelo próprio relato. Se é verdade que as autoridades o entregam a esse título para ser condenado, um centurião, uma testemunha imparcial, declara no momento da sua morte: "realmente, este homem era um justo" (23,47).

Jesus corrige e orienta a sua caracterização

A construção de Jesus faz-se nesses contrastes, num fluxo que tantas vezes navega entre incompreensões e ambiguidades. Há uma tensão que deixa, até ao fim, a intriga em suspenso quanto à pessoa de Jesus. Por um lado, pulsa uma poderosa substância messiânica nas suas *verba et facta*; por outro, a narrativa estabelece uma interseção complexa, que nada tem de unívoco, entre ações de Jesus e interpretação por parte dos auditores. Enquanto uns ficavam maravilhados e glorificavam a Deus (5,26; 13,13), outros enchiam-se de irada distância (6,11) e procuravam eliminá-lo (4,29). Enquanto uns se alegravam, outros se envergonhavam (13,17). Enquanto uns diziam que Deus visitara o seu povo em Jesus (7,16), outros acusavam-no de, pelo poder do príncipe dos demônios, expulsar demônios (11,15). Enquanto uns o saudavam como "grande profeta" (7,16) e com o título messiânico de "Rei que vem em nome do Senhor" (19,38), outros colocavam em causa que ele fosse profeta (7,39) e pediam que ele travasse esses traços de construção (19,39).

A caracterização incorreta é, assim, um dos modos da caracterização de Jesus, e tem como particularidade vir sempre comentada, o que serve para controlar o seu efeito no relato. No Evangelho da Infância o comentário orientador parte da instância narrativa (3,23), mas desde o começo do ministério é sempre a Jesus que cabe a função de corrigir e orientar:

- Em 4,22 ("Não é este o filho de José?"), que é logo esclarecido pelo "Em verdade vos digo que nenhum profeta é bem recebido na sua pátria" (4,24).

- Em 5,21 temos a pergunta embaraçosa: "Quem é este que diz blasfêmias?". Mas o v. 22 indica que Jesus conhece esses pensamentos, e no v. 23 responde: "Que é mais fácil? Dizer: os teus pecados te são perdoados, ou dizer, levanta-te e anda?".

- Em 7,34 é o próprio Jesus quem relata (e imediatamente corrige) os traços avançados pelos seus opositores: "eis um glutão e um ébrio, amigo dos publicanos e dos pecadores", mas antes (v. 30) havia dito que eles rejeitaram o "plano de Deus".

- No capítulo 11, Jesus é acusado de expulsar os demônios por Belzebu, príncipe dos demônios. Mas responde: "se eu expulso os demônios por Belzebu, por quem os expulsam vossos filhos? Eles serão, pois, os vossos juízes" (11,19).

- No capítulo 12, ao homem que lhe pede que diga ao irmão para repartir com ele a herança, Jesus responde (v. 14): "quem me pôs a mim por juiz ou repartidor entre vós?".

- Quando certo homem de posição lhe chamou "bom Mestre" (18,18), Jesus disse-lhe: "Por que me chamas bom? Ninguém é bom, senão um, que é Deus".

- Um tipo de resposta que devolve ao inquiridor o conteúdo que ele próprio propõe, serve a Jesus para assentir indiretamente na veracidade dos títulos "Filho de Deus" e "Rei dos Judeus" (vejam-se os capítulos 22-23).

A caracterização incorreta é uma nota importante de realismo na narrativa. Pode-se mesmo enquadrar naquilo que F. Bovon designou por "efeito do real", isto é, a arte de "dar à história contada o colorido e os contornos de verdade". De fato, essa mostra como a construção de Jesus acontece no meio de tensões e de ideias desfavoráveis a seu respeito. O Evangelho não é uma hagiografia, nunca se subtrai ao fator realidade, mas fá-lo entrar na sua arquitetura. Como recorda Auerbach, o grande contributo literário dos Evangelhos é exatamente essa mistura de realidade quotidiana e sublime. Por isso seria estranho que uma narrativa tão obsidiada pela identidade de Jesus, como é o Evangelho de Lucas, sobretudo na secção galilaica, não fizesse registo de caracterizações contrárias à dominante no relato.

Por outro lado, elas resultam numa oportunidade para Jesus corrigir a construção social que dele fazem e assim afirmar o seu protagonismo. A caracterização incorreta mostra quem é quem, no jogo da caracterização. Jesus é uma personagem nunca completamente compreendida ao longo do seu ministério. Há uma incontrolável curiosidade pela sua pessoa. Na secção de 4,14–9,50 não há, desde o mais humilde habitante da Palestina ao rei Herodes, quem não se sinta atraído pela interrogação acerca da sua identidade.

Na secção seguinte (9,51–19,44), de alguma maneira, cessa a demanda dos auditores pela identidade de Jesus. O perfil dessa etapa está mais em contar o modo como o Reino se faz presente nos seus atos e palavras. É o próprio Jesus quem toma a iniciativa de indicar a natureza da sua função: "o Reino de Deus avizinhou-se de vós" (10,9). Mas a essa exposição não corresponde um acolhimento. Também aqui Jesus se debate com a cegueira e a indiferença dos seus contemporâneos. É verdade que a subida (topográfica e narrativa) culmina com a aclamação real às portas de Jerusalém, mas esse é um acontecimento para ser lido à luz de um duplo anúncio: a morte de Jesus e a destruição de Jerusalém (19,41-44).

O processo e a morte de Jesus são ainda a oportunidade para um paradoxal reconhecimento. Kilgallen mostrou como o relato lucano de Jesus perante o sinédrio (22,66-71) é uma "consciente imitação e repetição da estrutura da anunciação", com a finalidade de identificar Jesus como

Messias e Filho de Deus. Mas isso, que constitui uma elevadíssima confirmação ao leitor do modo correto como a narrativa deve ser lida, passa despercebido aos juízes. E ao longo da paixão nós encontramos os títulos de uma cristologia maximalista (Messias, Cristo, Filho de Deus) ditos ou de maneira irônica ou num contexto que os obriga como que a aceitarem ser contraditos, pois a cruz torna-se o critério incontornável para serem lidos.

Lucas joga com esta dialética: Jesus é afirmado claramente por figuras externas, mas ao nível interno ao relato é apenas entrevisto, subentendido, implícito, proclamado indiretamente. A narrativa vai acumulando uma série de modelos e traços que podem servir ao seu entendimento: o mestre, o profeta, o rei, o Filho do homem, o Messias. Contudo, estes títulos não parecem, em si mesmos, suficientes para descrever a personagem. A natureza deles é funcional e provisória, pois eles são, como vimos, elaborados e modificados no decurso do relato. É Jesus que determina o que o messianismo significa e isso obriga a que as categorias estejam ao serviço da narrativa e não ao contrário. O terceiro Evangelho não apresenta uma cristologia acabada. A aposta de Lucas não foi chegar a uma definição de Jesus, mas devolver ao leitor uma identidade narrada, para que o leitor sentisse o desafio de também ele se colocar à escuta e no seguimento de Jesus.

O Evangelho constrói o leitor/o leitor constrói o Evangelho

O tipo de caracterização adotado pelo Evangelho, com as suas informações dispersas e progressivas, suas ambiguidades e silêncios, sua sucessão de peripécias é um convite ao leitor a tomar parte na sua construção. Lucas, para usar uma fórmula de Merenlath, como que encoraja o leitor a vencer as indeterminações do relato, a preencher os seus hiatos, a inferir dos traços que lhe são oferecidos uma completude de significado. Diante dos olhos do leitor, Jesus vai assomando gradualmente, de uma forma sempre inesperada, mais plausível. E, a coerência narrativa que protagoniza, é sustentada pelo leitor na medida em que ele apreende as ações e os nexos apresentados pelo texto.

Mas a construção do relato supõe também a construção que o texto faz do leitor. Na verdade, o leitor não é apenas um produtor ou um consumidor, mas é um produto do próprio texto. As técnicas narrativas são ao mesmo tempo uma forma de pedir a colaboração do leitor para a construção do texto e uma maneira de construí-lo. O leitor, trabalhado pela arte da narrativa, é construído à medida que constrói o texto. Instaura-se, assim, um jogo de circularidades. A leitura é uma correspondência secreta e vital, uma prática de correlação. Lemo-nos a nós próprios no livro que temos diante de nós. Porque o leitor, ao fim de contas, não está apenas enfrentando o dilema da identidade de Jesus: ele como que é conduzido a interrogar-se sobre si mesmo à luz daquela identidade. E ao Evangelho não interessou mostrar quem Jesus é, na objetividade acabada de um conceito ou de um discurso, mas sim colher essa resposta mostrando quem Jesus se torna na vida daqueles e daquelas que cruzam o seu caminho.

O confronto com a pessoa de Jesus conduz necessariamente a uma opção pelo que ele constitui. Lucas não nos coloca perante doutrinas ou virtudes morais: apresenta-nos uma pessoa como único referencial. Do que se trata, é de reconhecer ou não uma pessoa, escolher ou não segui-lo. Nesse sentido, a técnica narrativa tem uma finalidade cristológica evidente: a procura da identidade de Jesus não é apenas um assunto dos atores do relato, ela estende-se também aos leitores, que devem, por sua vez, decidir-se ou não no itinerário dos discípulos, o da fé.

A arte narrativa de Lucas é muito mais que a habilidade de urdir bem um relato, criando uma segura sequência em progressivo elã de resolução. É muito mais que a mestria de uma oficina de prolepses e analepses, onde a modelação consciente de uma história por outra determina uma provocadora e disseminada sugestão tipológica, que nos faz reconhecer o grande talento e cultura do narrador. O segredo da arte narrativa de Lucas é o centro narrativo que ele escolhe: a revelação da identidade messiânica de Jesus.

O Evangelho, porém, não aposta na apresentação de conclusões acabadas acerca de Jesus: sugere, antes, o caminho aberto, silencioso e paciente das perguntas. De forma insistente, e num propósito claro de envolver o leitor, vai repetindo que o enigma Jesus está e não está resolvido, para que precisamente esse interstício se revele como possibilidade de inscrever uma nova demanda. A narrativa evangélica apresenta-se assim como o limiar de uma história aberta, infinita, onde a cristologia nos remete para a eclesiologia. O seu presente é já o inventário do nosso futuro.

O episódio que escolhemos aprofundar conjuntamente com os leitores mostra o encontro de Jesus com o mundo dos pecadores. Um encontro que suplanta as barreiras da legalidade social e religiosa e, por isso, divide o pensar comum, acende o lume da interrogação, torna-se arriscado. Um encontro que, na sua desprotegida sinceridade, desfaz os falsos cálculos que a religiosidade, por vezes, esconde: o silêncio e as lágrimas são a expressão do impronunciável mais fundo, dessa verdade que cada um traz mergulhada no sangue. E é assim que nesse encontro, mais do que noutros, alguém assinala, reconhece, toca, alaga de lágrimas e unge o mistério de Jesus.

Tudo o que se vinha dizendo de Jesus é aqui como que relativizado e se cala, perante o que agora se levanta como questão: "Quem é este que até perdoa pecados?" (7,49). Nada será simplesmente como dantes e uma janela abre-se para o que vem.

Chegados ao final, apetece perguntar: Por que existem as histórias? Porque resistem elas ao inelutável manto do esquecimento? Que poder é o seu? Por que nos atraem, por que tornamos a elas, mesmo quando séculos se somaram a outros séculos, e o mundo que as gerou nos aparece enigmático, secreto, distante? Que trânsito nos traz assim suspensos: apenas um comércio de artifício, que as frágeis histórias encenam, ou a circulação impalpável mas presente da própria verdade? Por que contou Jesus histórias? Por que as contamos nós para dizer Jesus? Uma coisa temos por certa: há histórias que são contadas para que um encontro aconteça.

Bibliografia

ABIGNENTE, D. *Conversione morale nella fede. Una riflessione etico-teologica a partire da figure di conversione del vangelo di Luca.* Roma, 2000.

AGUIRRE, R. *La mesa compartida. Estudios del NT desde las ciencias sociales.* Santander, 1994.

ALETTI, J.-N. *L'art de raconter Jésus Christ.* Paris, 1989.

_____. *Jésus-Christ fait-il l'unité du Nouveau Testament?* Paris, 1994.

_____. *Il Racconto come Teologia.* Roma, 1996.

_____. Le Christ raconté. Les Évangiles comme littérature? In: MIES, F. *Bible et littérature. L'homme et Dieu mis en intrigue.* Brussels, 1999, pp. 29-53.

ALFARO, J. Fides in terminologia biblica. *Gregorianum*, 42 (1961), pp. 463-505.

ALMEIDA, Y. *L'opérativité sémantique des récits-paraboles. Sémiotique narrative et textuelle. Herméneutique du discours religieux.* Louvain-Paris, 1978.

ALTER, R. *The Art of Biblical Narrative.* New York, 1981.

ARISTOTÉLES. *Poetica, texto grego.* Milano, 1987.

AUERBACH, E. *Mimesis. Dargestellte Wirklichkeit in der abendländischen Literatur.* Berna, 1946.

BAR-EFRAT, S. *Narrative Art in the Bible.* Tel-Aviv, 1989.

BARTHES, R. *Fragments d'un discours amoureux.* Paris, 1977.

_____. *Le grain de la voix.* Paris, 1981.

BEEBE, H. Domestic Architecture and the New Testament. *Biblical Archaeologist*, 3/4 (1975), pp. 89-104.:

BOCK, D. *Proclamation from Prophecy and Pattern. Lucan Old Testament Christology*. Sheffield, 1987.

_____, *Luke. 1:1-9,50*. Grand Rapids, MI, 1994.

BORG, M. *Jesus. A New Vision. Spirit, Culture, and the Life of Discipleship*. San Francisco, 1987.

BOVON, F. La figure de Moïse dans l'œuvre de Luc. In: MARTIN-ACHARD, R. *La figure de Moïse. Écriture et relectures*. Genebra, 1978, pp. 47-65.

_____. Flou prophétique dans l'œuvre de Luc. In: AA.VV. *À cause de l'Évangile*. Paris, Fs. J. Dupont, 1985, pp. 349-359.

_____. *L'œuvre de Luc. Études d'Exégèse et de Théologie*. Paris, 1987.

_____. *L'Évangile selon Saint Luc (1,1-9,50)*. Genebra, 1991.

BRAWLEY, R. *Centering on God. Method and Message in Luke-Acts*. Louisville, KY, 1990.

BREMOND, C. *Logique du récit*. Paris, 1973.

BRODIE, Th. Luke 7,36-50 as an Internalization of 2 Kings 4,1-37: A Study in Luke's Use of Rhetorical Imitation. *Biblica*, 64 (1983), pp. 457-485.

BROWN, S. *Apostasy and Perseverance in the Theology of Luke*. Roma, 1969.

BYRNE, B. Jesus as Messiah in the Gospel of Luke: Discerning a Pattern of Correction. *Catholic Biblical Quarterly*, 65 (2003), pp. 80-95.

CADBURY, H. *The Making of Luke-Acts*. Peabody, MA, 1999.

CALVINO, I. *Lezioni americane. Sei proposte per il prossimo millennio*, Milano, 1993.

CARROL, J. Luke's Portrayal of the Pharisees. *Catholic Biblical Quarterly*, 50 (1988), pp. 604-627.

CHARPENTIER, E. Le Prophète ami des pécheurs. *Assemblées du Seigneur*, 42 (1970), pp. 80-94.

CHATMAN, S. Story and Discourse. *Narrative Structure in Fiction and Film*. London, Ithaca, 1978.

CHILTON, B. The Purity of the Kingdom as Conveyed in Jesus' Meals. *Society of Biblical Literature Abstracts and Seminar Papers*, 1992, pp. 473-488.

COMBLIN, J. La paix dans la théologie de Saint Luc. *Ephemerides Theologicae Lovanienses*, 3/4 (1956), pp. 439-460.

CONZELMANN, H. *Die Mitte der Zeit. Studien zur Theologie des Lukas*. Tübingen, 1954.

COOK, M. *Christology as Narrative Quest*. MN, Collegeville, 1997.

CORLEY, K. Were the Women around Jesus Really Prostitutes? Women in the Context of Greco-Roman Meals. *Society of Biblical Literature Abstracts and Seminar Papers*, (1989), pp. 487-521.

COTHENET, E. *Parfums*, DBS, VI, pp. 1291-1331.

CRESPO, R. Le fueron perdonados sus muchos pecados porque amó mucho. *Ciencia Tomista*, 20 (1919), pp. 289-300.

CROSSAN, J. Cliffs of Fall. *Paradox and Polyvalence in the Parables of Jesus*. New York, 1980.

CULLMANN, O. *Die Christologie des Neuen Testaments*. Tübingen, 1957.

DÄLLENBACH, L. *Le récit spéculaire. Essai sur la mise en abyme*. Paris, 1977.

DARR, J. *On Character Building. The Reader and the Rhetoric of Characterization in Luke-Acts*. Louisville, KY, 1992.

_____, Narrator as Character: Mapping a Reader-Oriented Approach to Narration in Luke-Acts. *Semeia*, 63 (1993), pp. 43-62.

DAWSEY, J. *The Lukan Voice. Confusion and Irony in the Gospel of Luke*. Macon, GA, 1986.

_____. The Unexpected Christ: The Lukan Image. *Expository Times*, 98 (1986-87), pp. 296-300.

DE LA POTTERIE, I. Lonction du Christ. *Nouvelle Révue Théologique*, 80 (1958), pp. 225-252.

DE URRUTIA, J. La parábola de los dos deudores Lc 7, 39-50. *Estudios Eclesíasticos*, 38 (1963), pp. 459-482.

DEL VERME, M. Le decime del fariseo orante (Lc 18,11-12). Filologia e storia. *Vetera Christianorum*, 21 (1984), pp. 253-283.

DELOBEL, J. Lonction par la Pécheresse. La composition littéraire de Lc 7, 36-50. *Ephemerides Theologicae Lovanienses*, 42 (1966), pp. 415-475.

_____. Lk 7,47 in its context. An old crux revisited. In: VAN SEGBROECK, F. *The Four Gospels*. Louvain, Fs. F. Neirynck, 1992, pp. 1581-1590.

DELORME, J. Récit, parole et parabole. In: DELORME, J. *Les paraboles évangéliques*. Paris, Perspectives nouvelles, 1989.

DEMEL, S. Jesu Umgang mit Frauen nach dem Lukasevangelium. *Biblische Notizen*, 57 (1991), pp. 41-95.

DENAUX, A. L'hypocrisie des pharisiens et le dessein de Dieu. In: NEIRYNCK, F. *L'Évangile du Luc. The Gospel of Luke*. Louvain, 1989, 155-195.

DESTRO, A.; PESCE, M. La gestualità nei libri della Bibbia. In: STEFANI, P. *La gestualità e la Bibbia*. Brescia, 1999, pp. 43-63.

DILLON, J. *Jesus as a Teacher: A multidisciplinary case study*. Bethesda, MD, 1995.

DONOHUE, J. The Penitent Woman and the Pharisee: Luke 7:36-50. *American Ecclesiastical Review*, 142 (1960), pp. 414-421.

DOOD, C. *The Parables of the Kingdom*. London, 1935.

DOUGLAS, M. *In the active voice*. London, 1982.

_____. *Purity and Danger. An Analysis of the Concepts of Pollution and Taboo*. London-New York, 2000.

DREXLER, H. Die grosse Sünderin. Lukas 7,36-50. *Zeitschrift für die Neutestamentliche Wissenschaft*, 59 (1968), pp. 159-173.

DUPONT, J. L'ambassade de Jean-Baptiste, I. *Nouvelle Révue Théologique*, 8 (1961), pp. 805-821.

_____. L'ambassade de Jean-Baptiste, II. *Nouvelle Révue Théologique*, 9 (1961), pp. 943-959.

_____. *Il metodo parabolico di Gesù*. Brescia, 1978.

_____. Le Magnificat comme discours sur Dieu. *Nouvelle Révue Théologique*, 3 (1980), pp. 321-343.

_____. Jésus et la pécheresse (Lc 7,36-50), I. *Communautés et Liturgies*, 62 (1980), pp. 260-268.

_____. Jésus et la pécheresse (Lc 7,36-50), II. *Communautés et Liturgies*, 65 (1983), pp. 11-17.

DUREAU, Y. La notion de Sacré-Sainteté et la notion de Distinction-Sépara-
tion dans la tradition hébraïque. In: MARCONOT, J.-M.; AUFRÈRE,
S. *L'interdit et le sacré dans les religions de la Bible et de l'Egypte.*
Montpellier, 1998, pp. 39-53.

ELLIOT, J. Temple versus Household in Luke-Acts: A Contrast in Social Insti-
tutions. In: NEYREY, J. *The Social World of Luke-Acts.* MA, Peabody,
1991, pp. 211-240.

ESLER, P. *Community and Gospel in Luke – Acts: the Social and Political Motiva-
tions of Lucan Theology.* Cambridge, 1987.

EVANS, C. *Saint Luke.* London, 1990.

_____ Who Touched Me. Jesus and the Ritually Impure. In: CHILTON, B.-E-
vans, C. *Jesus in Context. Temple, Purity, and Restoration.* Leida-New
York-Colonia, 1997, pp. 353-376.

FABRIS, R. Peccati e peccatori nel vangelo di Luca. *La Scuola Cattolica*, 106
(1978), pp. 227-234.

FEUILLET, A. Les deux onctions faites sur Jésus, et Marie-Madeleine. *Révue
Thomiste*, 75 (1975), pp. 357-392.

FIEDLER, P. *Jesus und die Sünder.* Frankfurt-Berna, 1976.

FITZMYER, J. *The Gospel According to Luke. I-IX.* New York, 1981.

_____ . Nouveau Testament et Christologie. Questions actuelles. *Nouvelle Révue Théologique*, 103 (1981), pp. 18-47.

FORNARI-CARBONELL, I. *La escucha del huésped (Lc 10,38-42). La hospitali-
dad en el horizonte de la comunicación.* Navarra, 1995.

FUSCO, V. *Oltre la parabola. Introduzione alle parabole di Gesù.* Roma, 1983.

_____ . Settanta volte sette. *Jesus Caritas*, 21 (1986), pp. 5-19.

GENETTE, G. *Figures, III*, Paris, 1972.

_____ . *Nouveau discours du récit.* Paris, 1983.

GEORGE, A. Tradition et rédaction chez Luc. La construction du troisième évangile. *Ephemerides Theologicae Lovanienses*, 53 (1967), pp. 100-129.

_____ . L'emploi chez Luc du vocabulaire de salut. *New Testament Studies*, 23
(1976/77), pp. 307-320.

GILS, F. *Jésus Prophète d'après les Évangiles Synoptiques.* Louvain, 1957.

GOGUEL, M. *Au seuil de l'Évangile Jean-Baptiste.* Paris, 1928.

GOSPEL ACCORDING ST LUKE. Edinburgh, 1901.

GOWLER, D. *Host, Guest, Enemy and Friend: Portraits of the Pharisees in Luke and Acts.* New York, 1991.

GRAPPE, C. Jésus parmi d'autres prophètes de son temps. *Révue d' Histoire et de Philosophie religieuses,* 4 (2001), pp. 387-411.

GREIMAS, A. La parabole: une forme de vie. In: PANIER, L. *Le temps de la lecture. Exégèse biblique et sémiotique.* Paris, Fs. J. Delorme, 1993, pp. 381-387.

GRIMSHAW, J. Luke's Market Exchange District: Decentering Luke's Rich Urban Center. *Semeia,* 86 (1999), pp. 33-55.

GROUPE D'ENTREVERNES. *Signes et Paraboles. Sémiotique et texte évangélique.* Paris, 1977.

GUILLET, J. Tes péchés sont pardonnés. In: CARREZ, M.; DORÉ, J.; GRELOT, P. *De la Tôrah au Messie,* Paris, Fs. H. Cazelles, 1981, pp. 425-429.

HALL, E. *La dimensione nascosta. Vicino e lontano: il significato delle distanze tra le persone* (trad. it.: The Hidden Dimension), Milano, 1998.

HAMEL, E. Le Magnificat et le Renversement des Situations. Réflexion théologique-biblique, *Gregorianum,* 60 (1979), pp. 55-84.

HAUDEBERT, P. La métanoia, des Septante à Saint Luc. In: CAZELLES, H. *La vie de la Parole. De l'Ancien au Nouveau Testament.* Paris, Fs. P. Grelot, 1987, pp. 355-366.

HENGEL, M. *Studies in Early Christology.* Edimburgo, 1995.

HORNSBY, T. Why Is She Crying? A Feminist Interpretation of Luke 7.36-50. In: WASHINGTON, H.; GRAHAM, S. THIMMES, P. *Escaping Eden. New Feminist Perspectives on the Bible.* Sheffield, 1998, pp. 91-103.

HORSLEY, R.; HANSON, J. *Bandits, Prophets, and Messiahs. Popular Movements in the Time of Jesus.* Minneapolis, MN, 1985.

ISER, W. *The Act of Reading. A Theory of Aesthetic Response.* London, 1978.

JEREMIAS, J. Zöllner und Sünder. *Zeitschrift für die Neutestamentliche Wissenschaft*, 30 (1931), pp. 293-300.

_____. *Die Gleichnisse Jesu*. Zurich, 1947.

_____. Lukas 7:45 eivsh/lqon. *Zeitschrift für die Neutestamentliche Wissenschaft*, 51 (1960), p. 131.

JONES, D. The Background and Character of the Lukan Psalms. *Journal of Theological Studies*, 19 (1968), pp. 19-50.

JOÜON, P. Reconnaissance et action de grâces dans le Nouveau Testament. *Recherches de science religieuse*, 29 (1939), pp. 112-114.

_____. La pécheresse de Galilée et la parabole des deux débiteurs. *Recherches de science religieuse*, 29 (1939), pp. 615-619.

JÜLICHER, A. *Die Gleichnisreden Jesu. Die Gleichnisreden Jesu im allgemeinen*, I. Freiburg, 1886.

_____. *Die Gleichnisreden Jesu. Auslegung der Gleichnisreden der drei ersten Evangelien*, II. Freiburg, 1899.

KARIMATTAM, M. *Jesus the Prophet. A Study of the Prophet Motif in the Christology of Luke-Acts* (diss. doct. Pont. Inst. Biblicum). Roma, 1979.

KARRIS, R. *Luke: Artist and Theologian. Luke's Passion Account as Literature*. New York, 1985.

KELBER, H. *The Kingdom in Mark: a New Place and a New Time*. Philadelplhia, 1974.

KERMODE, F. *The Genesis of Secrecy. On the Interpretation of Narrative*. Cambridge, MA, 1979.

KILGALLEN, J. John the Baptist, the Sinful Woman, and the Pharisee. *Journal of Biblical Literature*, 104 (1985), pp. 675-679.

_____. A Proposal for Interpreting Luke 7,36-50. *Biblica*, 72/3 (1991), pp. 305-330.

_____. Faith and Forgiveness: Luke 7,36-50. *Révue biblique*, 2 (2001), pp. 214-227.

LÀCONI, M. Fede e amore. La peccatrice perdonata (Lc 7,36-50). *Parola, Spirito e Vita*, 17 (1988), pp. 143-155.

LAGRANGE, M.-J. Jésus a-t-il été oint plusieurs fois et par plusieurs femmes? Opinions des anciens écrivains ecclésiastiques. *Révue biblique*, 4 (1912), pp. 504-532.

_____. *Évangile selon Saint Luc*. Paris, 1921.

LEGARÉ, C. Analyse sémiotique de Luc 7,36-50: Jésus et la pécheresse. In: AA. VV. *De Jésus et des femmes: lectures sémiotiques*. Montreal, 1987, pp. 59-104.

LÉGASSE, S. Jésus et les prostituées. *Révue théologique de Louvain*, 7 (1976), pp. 137-154.

LEGAULT, A. An Application of the Form-Critique Method to the anointings in Galilee (Lk 7, 36-50) and Bethany (Mt 26, 6-13; Mk 14, 3-9; Jn 12, 1-8). *Catholic Biblical Quarterly*, 16 (1954), pp. 131-145.

LUZARRAGA, J. El Benedictus (Lc 1,68-79) a través del arameo. *Biblica*, 3 (1999), pp. 305-359.

MALINA, B.; NEYREY, J. Honor and Shame in Luke-Acts: Pivotal Values of the Mediterranean World. In: NEYREY, J. *The Social World of Luke-Acts*. Peabody, MA, 1991, pp. 25-65.

MARCADÉ, B. Odor di femina. In: BLANC-MOUCHET, J. *Odeurs. L'essence d'uns sens*. Paris, 1999, pp. 143-146.

MARGUERAT, D. Entrare nel mondo del raconto. La rillettura narrativa del Nuovo Testamento. *Protestantesimo*, 49 (1994), pp. 196-213.

_____. Du Temple à la maison suivant Luc-Actes. In: FOCANT, C. *Quelle maison pour Dieu?* Paris, 2003, pp. 285-317.

MARSHALL, I. *The Gospel of Luke. A Commentary on the Greek Text*. Grand Rapids, MI, 1978.

_____. *Luke: Historian and Theologian*. Downers Grove, IL, 1988.

MCCAUGHEY, T. Paradigms of Faith in the Gospel of St. Luke. *Irish Theological Quarterly*, 45 (1978), pp. 177-184.

MERENLAHTI, P. Characters in the Making: Individuality and Ideology in the Gospels. In: RHOADS, D.; SYREENI, K. *Characterization in the Gospels. Reconceiving Narrative Criticism*. Sheffield, 1999, pp. 45-72.

MEYNET, R. *Vedi questa Donna? Saggio sulla comunicazione per mezzo delle parabole*. Milano, 2000.

MICHIELS, R. La conception lucanienne de la conversion. *Ephemerides Theologicae Lovanienses*, 41 (1968), pp. 42-78.

MOESSNER, D. *Lord of Banquet. The Literary and Theological Significance of the Lukan Travel Narrative*. Harrisburg, PEN, 1998.

MONTANDON, A. *L'hospitalité dans les contes*. Clermont-Ferrand, 2001.

MOXNES, H. Meals and the New Community in Luke. *Svensk Exegetisk Årsbok*, 51-52 (1986), pp. 158-167.

MUÑOZ Iglesias, S. *Los Evangelios de la Infancia. Los Cánticos del Evangelio de la Infancia según San Lucas*. Madrid, 1990.

NAVONE, J. *Themes of St. Luke*. Roma, 1979.

NEALE, D., None but the Sinners. Religious Categories in the Gospel of Luke, Sheffield, 1991.

NEUSNER, J. *The Rabbinic Traditions about the Pharisees before 70*, III. Leida, 1971.

_____. *The Idea of Purity in Ancient Judaism*. Leida, 1973.

_____. Two pictures of the Pharisees: Philosophical Circle or Eating Club. *Anglican Theological Review*, 64 (1982), pp. 525-538.

_____. *Le judaïsme à l'aube du christianisme*. Paris, 1986.

NEYREY, J. Ceremonies in Luke-Acts: The Case of Meals and Table Fellowship. In: NEYREY, J. *The Social World of Luke-Acts*. Peabody, MA, 1991, pp. 361-387.

NUTTALL, G. *The Moment of Recognition: Luke as Story-Teller*. London, 1978.

OMERO, Odissea. *Testo Greco*. Milano, 1991.

PERRIN, N. *Rediscovering the Teaching of Jesus*. London, 1967.

PERROT, C. Images et paraboles dans la littérature juive ancienne. In: DELORME, J. *Les paraboles évangéliques, Perspectives nouvelles*. Paris, 1989, pp. 389-401.

_____. La pluralité théologique du Judaïsme au 1er siècle de notre ère. In: MARGUERAT, D.; NORELLI, E.; POFFET, J.-M. *Jésus de Nazareth. Nouvelles approaches d'une énigme.* Genebra, 1998, pp. 157-176.

PESCE, M. Ricostruzione dell'archetipo letterario comune a Mt 22,1-10 e Lc 14,15-24. In: DUPONT, J. *La parabola degli invitati al Banchetto. Dagli evangelisti a Gesù.* Brescia, 1978, pp. 167-238.

PETERSEN, N. *Literary Criticism for New Testament.* Philadelphia, 1978.

PRETE, B. *Storia e teologia nel vangelo di Luca.* Bologna, 1973.

_____. *Nuovi studi sull'opera di Luca. Contenuti e prospettive,* Turim, 2002.

PROPP, V. *Morfologia do conto* (trad. port. *Morfologia skazky*). Lisboa, 2000.

PUGLIATTI, P. *Lo sguardo nel racconto. Teorie e prassi del punto di vista.* Bologna, 1992.

QUINTILIANO. *Istituzione oratoria, III-VI. XI-XII,* texto latino, Milano, 1998, 2001.

RAY, J. *Narrative Irony in Luke-Acts. The Paradoxical Interaction of Prophetic Fulfillment and Jewish Rejection.* New York, Lewiston, 1996.

RAMAROSON, L. Le premier, c'est l'amour (Lc 7,47a). *Science et Esprit,* 39 (1987), pp. 319-329.

RASCO, E. *La teologia de Lucas: origen, desarrollo, orientaciones.* Roma, 1976.

RAVASI, G. Per un'estetica bíblica. *Rassegna di Teologia,* 30 (1989), pp. 36-51.

RAVENS, D. The Setting of Luke's Account of the Anointing: Luke 7.2-8.3. *New Testament Studies,* 34 (1988), pp. 282-292.

REID, B. *Choosing the Better Part?: Women in the Gospel of Luke.* MN, Collegeville, 1996.

RIGAUX, B. *Témoignage de l'évangile de Luc.* Paris, 1970.

RICOEUR, P. *Du texte à l'action. Essais d'herméneutique,* II, Paris, 1986.

_____. *L'herméneutique biblique.* Paris, 2001.

RIVA, F. L'esegesi narrativa: dimensioni ermeneutiche. *Rivista biblica italiana,* 37 (1989), pp. 129-160.

ROBBINS, V. The Woman Who Touched Jesus' Garment: Socio-Rhetorical Analysis of the Synoptic Accounts. *New Testament Studies*, 33 (1987), pp. 502-515.

ROBINSON, J. The Gospels as Narrative. In; MCCONNELL, F. *The Bible and the Narrative Tradition*. New York, 1986, pp. 97-112.

ROSE, V. *Évangile selon S. Luc*. Paris, 1909.

ROTH, J. *The Blind, the Lame, and the Poor. Character Types in Luke-Acts*. Sheffield, 1997.

SANDERS, E. *Jesus and Judaism*. London, 1985.

_____. *Judaism. Pratice and Belief. 63 BCE-66 CE*. London, 1992.

SAUNDERS, R. *She Has Washed my Feet with her Tears. New Testament Stories of Women's Faith and Rebellion*. Berkeley, CA, 1998.

SCHOLES, R.; KELLOG, R. *The Nature of Narrative*. New York, 1966.

SCHRECK, C. The Nazareth Pericope: Luke 4:16-30 in Recent Study. In: NEIRYNCK, F. *L' Évangile du Luc – The Gospel of Luke*. Louvain, 1989, pp. 399-471.

SCHÜRMANN, H. *Das Lukasevangelium*. Freiburg, 1969.

SEGALLA, G. *La Cristologia del Nuovo Testamento*. Brescia, 1985.

SEGRE, C. *Le strutture e il tempo. Narrazione, posia, modelli*. Turim, 1974.

STEIN, R. *Luke*. Nashville, TENN, 1992.

STENSCHKE, C. *Luke's Portrait of Gentiles Prior to Their Coming to Faith*. Tübingen, 1999.

STERNBERG, M. *The Poetics of Biblical Narrative. Ideological Literature and the Drama of Reading*. Bloomington, IND, 1985.

STRAUSS, M. *The Davidic Messiah in Luke-Acts. The Promise and its Fulfillment in Lukan Christology*. Sheffield, 1995.

SWAELES, R. Jésus, nouvel Élie, dans Saint Luc. *Assemblées du Seigneur*, 69 (1964), pp. 41-66.

TALBERT, C. The Lukan Presentation of Jesus' Ministry in Galilee. *Review and Expositor*, 4 (1967), pp. 485-497.

_____. *Literary Patterns, Theological Themes, and the Genre of Luke-Acts.* Missoula, MT, 1974.

_____. *Reading Luke. A Literary and Theological Commentary on the Third Gospel.* New York, 1986.

TANNEHILL, R. The Magnificat as Poem. *Journal of Biblical Literature*, 93 (1974), pp. 263-275.

_____. *The Narrative Unity of Luke-Acts. A Literary Interpretation, I.* Philadeslphia, 1986.

_____. *Luke.* Nashville, TENN, 1996.

TERNANT, R. La résurrection du fils de la veuve de Naïn. *Assemblées du Seigneur*, 69 (1964), pp. 29-40.

THIBEAUX, E. Know to Be a Sinner: The Narrative Rhetoric of Luke 7:36-50. *Biblical Theology Bulletin*, 23 (1993), pp. 151-160.

THEISSEN, G. Jésus et la crise sociale de son temps. In: MARGUERAT, D.; NORELLI, E.; POFFET, J.-M. *Jésus de Nazareth. Nouvelles approches d'une énigme.* Genebra, 1998, pp. 125-155.

THOLLET-BURGADA, M. Sens et contre-sens de l'interdit du toucher. De quelques concordances entre le premier interdit biblique et l'interdit du toucher dans le cadre analytique. In: MARCONOT, J.-M.; AUFRÈRE, S. *L'interdit et le sacré dans les religions de la Bible et de l'Egypte.* Montpellier, 1998, pp. 55-68.

TINSLEY, E. *The Gospel According to Luke.* Cambridge, 1965.

TOAFF, A. *Mangiare alla giudia.* Bolonha, 2000, p. 7.

TREMOLADA, P. E fu annoverato fra iniqui. *Prospettive di lettura della Passione secondo Luca alla luce di Lc 22,37* (Is 53,12d). Roma, 1997.

TRILLING, W. Le Christ, Roi crucifié, Lc 23,35-43. *Assemblées du Seigneur*, 65 (1973), pp. 56-65.

TYSON, J. *Images of Judaism in Luke-Acts.* Columbia, SC, 1992.

VAN UNNIK, W. Éléments artistiques dans l'évangile de Luc. In: NEIRYNCK, F. *L'Évangile de Luc. Problèmes littéraires et théologiques.* Gembloux, Fs. L. Cerfaux, 1973, pp. 39-50.

URICCHIO, F. Volti di penitenti in Luca: Riflessioni esegetico-teologiche. In: MARCHESELLI, C. *Parole e Spirito*. Brescia, Fs. S. Cipriani, I, 1982, pp. 211-272.

VANHOYE, A. L'intérêt de Luc pour la prophétie. In: VAN SEGBROECK, F. *The Four Gospels*. Louvain, Fs. F. Neirynck, 1992, pp. 1529-1548.

VESCO, J.-L. *Jérusalem et son prophète. Une lecture de l'Évangile selon saint Luc*. Paris, 1988.

VETTA, M. La cultura del simpósio. In: FLANDRIN, J.-L.; MONTANARI, M. *Storia dell'alimentazione*. Roma, 1999, pp. 124-134.

VIA, D. *The Parables. Their Literary and Existential Dimension*. Philadelphia, 1967.

VIGNOLO, R. *Personaggi del quarto vangelo. Figure della fede in San Giovanni*. Milano, 2003.

VIGOUROUX, F. (ed.). *Dictionnaire de la Bible*. Paris, 1894 (…).

VON BENDEMANN, R. Liebe und Sündenvergebung. Eine narrativ-traditionsgeschichtliche Analyse von Lk 7,36-50. *Biblische Zeitschrift*, 44 (2000), pp. 161-182.

VON SYBEL, L. Die Salbungen. Mt 26 6-13, Mc 14 3-9, Lk 7 36-50, Joh 1 1-8. *Zeitschrift für die Neutestamentliche Wissenschaft*, 23 (1924), pp. 184-193.

WEINRICH, H. Théologie narrative. *Concilium*, 85 (1973), pp. 47-55.

WEISS, K. Der westliche Text Lk 7:46 und sein Wert. *Zeitschrift für die Neutestamentliche Wissenschaft*, 46 (1955), pp. 241-245.

WELLHAUSEN, J. *Das Evangelium Lucae*. Berlim, 1904.

WESTERHOLM, S. *Jesus and Scribal Authority*. Lund, CWK, 1978.

WILDER, A. *Early Christian Rhetoric. The Language of the Gospel*. New York, 1964.

WEILKINS, M. Sinner. In: GREEN, J.; MCKNIGHT, S. *Dictionary of Jesus and the Gospels, Downers Grove, ILL*, 1992, pp. 757-760.

ZIESLER, J. Luke and the Pharisees. *New Testament Studies*, 25 (1979), pp. 146-157.

SUMÁRIO

PREFÁCIO..7
Pedro Rubens Ferreira Oliveira

ABERTURA..13
    Como cheguei aqui...13

I. UMA INESPERADA ENTRADA EM CENA...........................19
    Que fazem esses três juntos?..20
    Não se pode imaginar história sem personagens...............21
    Um dos fariseus de nome Simão...22
    O hóspede chamado Jesus...25
    Uma intrusa sem nome...27
    Os outros comensais..30
    O movimento das personagens diz o quê?.........................30
    O papel que cada uma representa......................................32
    Entre contraste e encontro: o jogo dos pontos de vista............35

II. UMA HISTÓRIA É UMA SEQUÊNCIA DE QUADROS.........39
    Primeiro quadro (vv. 36-38): o convite do fariseu
    e o estranho comportamento de uma intrusa....................40

III. HÁ MAIS DE UMA MANEIRA DE VERMOS A MESMA COISA...........45
    Segundo quadro (vv. 39-47): "Vês esta mulher?".............45
    O início de um diálogo em contramão.................................49
    A parábola que Jesus conta..50
    A sintaxe de Jesus..50

A semântica de Jesus...51
Comparação da parábola de Lc 7,41-42 com Mt 18,23-35 53
O impertinente efeito da parábola 57
O modo como a parábola modifica o relato...............................59
Um paralelo assimétrico...62
O discurso de Jesus 66
O horizonte cristológico do "porque amou muito"................68
Os gestos interpretados como amor 73
"Mas aquele a quem pouco foi perdoado, pouco ama"...........75
O tempo do perdão...76
Jesus corrige o olhar do fariseu 78

IV. QUEM É ESTE QUE PERDOA PECADOS? 81
Terceiro quadro (vv. 48-50): a mulher e os comensais perante Jesus......81
A manifestação da fé que salva 85
A maneira como a história é contada 90

V. O QUE TEM DE REVELADOR O ESPAÇO 93
Uma leitura do espaço através das preposições 94
O espaço de Jesus...98
O puro e o impuro: a problematização do espaço 101
O espaço semântico do perfume...102
O alabastro de perfume..103
O perfume como espaço biográfico...104

VI. DO TEMPO CRONOLÓGICO AO TEMPO DA REVELAÇÃO 107
A crise do tempo histórico e o tempo da salvação 109

VII. DA PARTE PARA O TODO:
COMO POR UM SÓ CAPÍTULO SE RELÊ O EVANGELHO 113
Motivos da caracterização de Jesus..115
A autoridade manifesta na ação taumatúrgica de Jesus...........115
Uma inédita autoridade 117
Que valor atribuir às curas feitas por Jesus? 118

Rua Dona Inácia Uchoa, 62
04110-020 – São Paulo – SP (Brasil)
Tel.: (11) 2125-3500
http://www.paulinas.com.br – editora@paulinas.com.br
Telemarketing e SAC: 0800-7010081

VIII. JESUS ERA OU NÃO UM PROFETA? 121

Representar Jesus como profeta 122
Da rejeição de todos ao reconhecimento de todos 124
"És tu aquele que há de vir?" 126
Jesus e João Batista em face da tipologia de Elias 129
A solução de Jesus para os limites do paradigma profético 130
Jesus e a tipologia de Moisés 134
Jesus e a superação do paradigma profético 134
O drama do não reconhecimento e a surpresa de um
outro reconhecimento 137
A resposta de Jesus: uma retórica de persuasão 140

IX. O ENCONTRO DE JESUS COM OS PECADORES 143

Uma pecadora que nos leva a Jesus 143
Que significa para Jesus acolher os pecadores 144
O papel fulcral dos pecadores na construção da cristologia 147
"Quem é este que perdoa pecados?" 149
Jesus e os pecadores 151
O de Jesus é um ministério de salvação 153
A organização do motivo da salvação 154

X. DE QUE FALAMOS, QUANDO FALAMOS DE SALVAÇÃO 157

Maria, cantora da Salvação .... 15'
A Salvação segundo o cântico de Zacarias .... 1!
A Salvação segundo o cântico de Simeão 1
A Salvação que Jesus torna efetiva ....

XI. A ARTE DE CONSTRUIR JESUS ....

A chave do Evangelho ....
Jesus, protagonista da transformação da História ....
Jesus corrige e orienta a sua caracterização ....
O Evangelho constrói o leitor/o leitor constrói o Evangelho ....

BIBLIOGRAFIA ....